Umwelthinweis: Gedruckt auf chlorfrei gebleichtem Papier

Herausgeber: Polyglott-Redaktion
Verfasser: Sabina Kienlechner
Lektorat: Astrid Rost
Art Direction: Illustration & Graphik Forster GmbH, Hamburg
Karten und Pläne: Huber. Kartographie nach Entwürfen der Polyglott-Kartographie
Titeldesign-Konzept: V. Barl
Realisation: Studio Wolf Brannasky

Ergänzende Anregungen, für die wir jederzeit dankbar sind, bitten wir zu richten an:
Polyglott-Verlag, Redaktion, Postfach 40 11 20, D-80711 München.



## Zeichenerklärung

- Information
- Flugverbindungen
- Eisenbahnverbindungen
- Busverbindungen
- Schiffsverbindungen
- Campingplatz
- Bergbahn
- Öffnungszeiten
- Telefonnummer
- Faxnummer
- Hotel
- $$$ DZ pro Person ab 70 000 Lire
- $$ 55 000–65 000 Lire
- $ unter 50 000 Lire
- Restaurant
- $$$ Menü ab 65 000 Lire
- $$ 40 000–60 000 Lire
- $ unter 35 000 Lire

**Routenpläne**

- ① Route mit Routenziffer
- Autobahn, Schnellstraße
- sonstige Straßen, Wege
- Staatsgrenze, Landesgrenze
- National-, Naturparksgrenze

**Stadtpläne**

- Durchgangsstraße
- sonstige Straßen
- Fußgängerzone
- Fußweg

**Erste Auflage 1996**

Redaktionsschluß: Oktober 1995

Printed in Germany
ISBN 3-493-62755-6

Polyglott-Reiseführer

# Golf von Neapel

Sabina Kienlechner

Polyglott-Verlag München

## Allgemeines



## Stadtbeschreibung



Nicht zufällig trägt Neapel auch den Beinamen „europäisches Schanghai". Überschäumende Lebendigkeit beherrscht die Stadt, die wie kaum eine andere zum Schmelztiegel europäischer Kulturen geworden ist. Weltberühmte Museen, barocke Pracht und Frömmigkeit und nicht zuletzt die einzigartige Lage zwischen Golf und Vesuv machen Neapel zu einem Erlebnis, für das es sich schon zu Goethes Zeiten beinahe zu sterben lohnte.

## Die Inseln

**Capri**

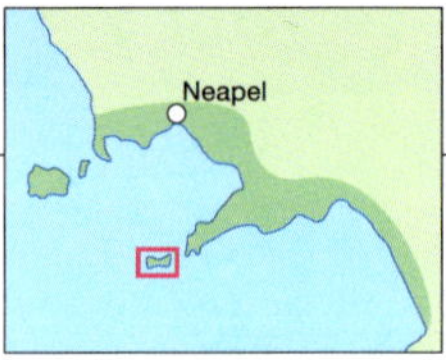




Berühmt sind die weiß leuchtenden Kalkfelsen Capris, doch in den schroffen Klippen verbergen sich unzählige Grotten, deren Zauber gefangennimmt.

**Ischia**

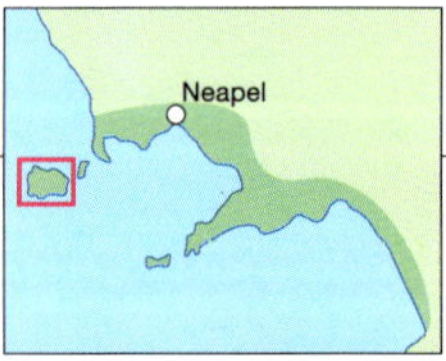




Hier brodelt und sprudelt es heilsam aus den Tiefen der vulkanischen Erde. Genesung und Erholung pur bietet Ischia aber nicht nur seinen Kurgästen.

**Procida**

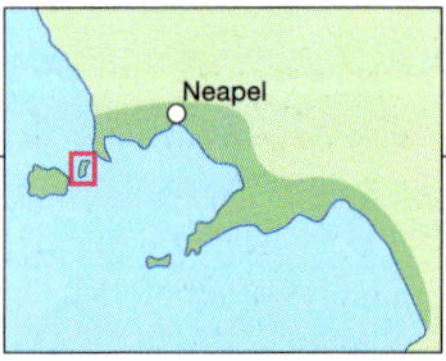




Noch unverfälscht zeigt sich das kleine Eiland im Schatten Ischias. Üppig gedeiht und blüht hier die Natur und verwandelt Procida in einen prächtigen Garten.

# Routen

Route 1

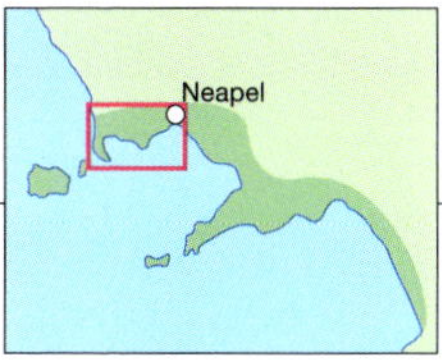


**Auf antiken Straßen durch brennende Felder** S. 60

Vulkanismus live erleben in den dampfenden und brodelnden Campi Flegrei und auf dem Kraterrand der Solfatara.

Route 2

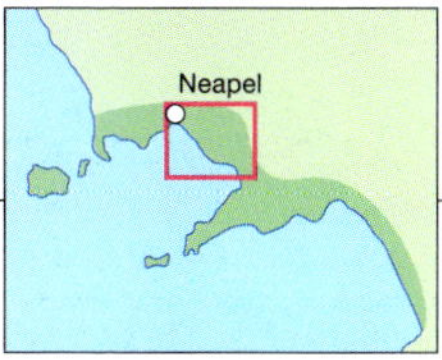


**Versunkene Städte am Fuße des Vesuvs** S. 66

Einen einmaligen Einblick in den Alltag des antiken Lebens bieten die Ausgrabungsstätten Herkulaneum und Pompeji.

Route 3

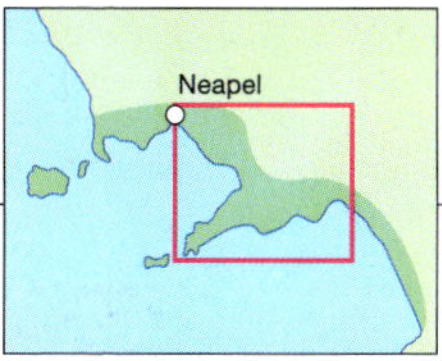


**Durchs Land, wo die Zitronen blühn** S. 78

Costa Amalfitana: Eine traumhafte Mittelmeerküste erstreckt sich rund um die sorrentinische Halbinsel bis nach Amalfi.

# Bildnachweis

Alle Fotos APA Publications/Phil Wood außer Archiv für Kunst und Geschichte, Berlin: 15/1-2, 25/1. Bernd Helms: 19/3, 85/2, 89/2. Daniele Messina: 23. Klaus Thiele: 43/2. IFA/Everts: Umschlag (Bild). Superbild/Bernd Ducke: Umschlag (Flagge).

Fremde Kulturen kennenlernen und gastfreundlichen Menschen begegnen – wie sehr genießen wir das auf Reisen. Zu Hause bei uns jedoch wird mancher Ausländer von einer kleinen Minderheit beschimpft, bedroht und sogar mißhandelt. Alle, die in fremden Ländern Gastrecht genossen haben, tragen hier besondere Verantwortung. Deshalb: Lassen Sie es nicht zu, daß Ausländer diffamiert und angegriffen werden. Lassen Sie uns gemeinsam für die Würde des Menschen einstehen.

Verlagsleitung und Mitarbeiter des Polyglott-Verlages

# Editorial

Die Golfregion von Neapel – oder auch der „parthenopeische Golf", wie die Gegend mit anderem Namen heißt – ist ein klassisches Reiseziel im wahrsten Sinne des Wortes. Bereits die alten Römer erwählten es sich zur Sommerfrische, und alsbald entstanden hier die vornehmsten Villen des Imperiums. Das vulkanische Feuer, das Meer und die Geschichte haben das Gebiet seitdem vielfach umgeformt. Fremde Herrscher aus Orient und Okzident haben ihre Spuren hinterlassen und es zu einem Schmelztiegel der europäischen Kulturen gemacht.

Wenn man nach langer Reise endlich in Neapel angekommen ist, so wird man alsbald merken: Hier ist es anders, hier hört das mitteleuropäische Leben auf, hier herrscht südliches Flair. Das unvergleichliche Licht über Stadt und Meer läßt die Farben leuchten und verleiht dem Treiben der Menschen eine ungekannte Wärme und Intensität. Man sollte darauf gefaßt sein, am neapolitanischen Golf ein unendlich vielgestaltiges, faszinierendes und widersprüchliches Reiseziel anzutreffen.

Vielleicht eilt man nun ungeduldig hinunter zum Ufer des blauen Golfs, um in eines der Fährschiffe zu steigen und hinüberzufahren nach Capri, Ischia oder zur sorrentinischen Halbinsel, wo man nach der quirligen Geschäftigkeit Neapels wieder aufatmet, denn hier herrscht wahre, wunderbar erholsame Urlaubsatmosphäre. Wahrscheinlich aber wird einem schon bald die Neugier keine Ruhe mehr lassen, und man wird sich wieder auf den Weg machen, um die antiken Ruinenstädte am Fuß des Vesuvs zu besichtigen, um durch die Schwefelfelder der Solfatara zu wandern und um schließlich auch die verwirrende Großstadt mit ihren Kunstschätzen kennenzulernen.

*Ungetrübt in der Sonne baden vor der Kulisse von Atrani*

*Attraktion für jung und alt: Die Piazza Bellini in Neapel*

## Die Autorin

**Sabina Kienlechner** wuchs in Rom auf, studierte deutsche Literaturwissenschaft, Philosphie und Musik an der Universität Freiburg und promovierte dort. Sie lebt als freie Übersetzerin und Autorin, unter anderem von Reisebüchern über Italien in Rom und Berlin.

# Tanz auf dem Vulkan

Als die ersten Reisenden aus dem Norden im 19. Jh. die Golfregion für sich entdeckten, waren sie voller Begeisterung für die Schönheiten und Wunder dieses einmaligen Landstrichs. Zu jener Zeit entstand auch der berühmte Spruch: Neapel sehen und dann sterben. Inzwischen hat der neapolitanische Golf vieles von seinem einstigen Zauber verloren. Korrupte Politik und ungehemmte Bauspekulation haben ihre unübersehbaren Spuren hinterlassen. Die Stadt Neapel ist im Laufe der Jahrzehnte ausgeufert, unzählige neue, häßliche Trabantenstädte entstanden in der Hügellandschaft des Golfes.

Trotzdem hat die Stadt ihren majestätischen Charakter nicht ganz verloren. Und auch wenn es sich gewiß nicht mehr zu sterben lohnt, um Neapel zu sehen, so ist der Golf doch immer noch eine Reise wert.

## Lage und Landschaft

Was Neapel nicht genommen werden kann, ist seine einzigartige Lage. Weit öffnen sich die Arme des Golfs, im Norden bis zum Kap von Miseno und darüber hinaus bis zur Insel Ischia, im Süden durch die sorrentinische Halbinsel begrenzt, der die Isola di Capri vorgelagert ist. Alles überragend und weithin sichtbar thront der Vesuv.

Vom Posillipo, dem klassischen Aussichtspunkt Neapels, aus gesehen, hat der Golf etwas ewig Ruhendes. Doch der Augenschein trügt. Neapel liegt nicht nur zu Füßen des Vesuvs, sondern ist rundum von teils noch tätigen Vulkanen umgeben. Am nördlichen Golfrand, hinter der Kleinstadt Pozzuoli, breiten sich die „Campi flegrei“, die „brennenden Felder“, aus: Aus zahlreichen Fumarolen emporsteigende Schwefeldämpfe und ein stellenweise glühendheißer hohl klingender Boden zeugen von der noch lebendigen vulkanischen Tätigkeit.

Ebenfalls vulkanischen Ursprungs ist die Isola d'Ischia, deren höchste Erhebung, der Monte Epomeo, allerdings erloschen ist. Teils flacher, teils steiler fallen ihre Hänge zur Küste hin ab. Die Insel Capri hingegen ist ihrer geologischen Entstehung nach ein abgesprengter Teil der Halbinsel Sorrent. Grauweiße Kalkfelsen, von geheimnisvollen Grotten unterhöhlt, steigen hier aus dem Meer auf. Steil und buchtenreich ist auch die amalfitanische Küste. Wie durch ein Wunder sind die Inseln und die Küstenstreifen von der neapolitanischen Bauspekulation verschont geblieben: Sie haben ihren ländlich-lieblichen Charakter völlig bewahrt.

## Klima und Reisezeit

Ein weiterer (noch) unzerstörter Vorteil des neapolitanischen Golfes ist das mediterrane Klima mit seinen milden Wintern und sonnigen Sommern. Obwohl die Sonne oft monatelang ununterbrochen vom Himmel scheint, wird es dank der frischen Meeresbrise nur selten extrem heiß. Das berühmte stabile Mittelmeerhoch dauert meist von Ende Juni bis Ende August. Die größten Niederschläge fallen im November und Februar/März. Dezember und Januar sind häufig eher trockene Monate.

Im August verlassen die Italiener ihre Städte fluchtartig und strömen ans Meer. In dieser Zeit sind die Küsten und die Inseln entsprechend überlaufen. Aber auch im Juli ist schon Hochsaison. Ein weiterer Stau bildet sich für gewöhnlich zur Osterzeit. Als ideale Reisezeit bieten sich Mitte Mai bis Ende Juni sowie September bis Mitte Oktober an. Kunstreisende kommen im Winter am besten auf ihre Kosten, denn dann muß man den Kunstgenuß in vielen Museen, Galerien und archäologischen Stätten nicht mit einem Heer von Touristen teilen. Allerdings muß in dieser Zeit mit einer eingeschränkten Hotel- und Restaurantauswahl gerechnet werden, da viele außerhalb der Saison geschlossen sind.

Und noch ein Wort zur **Kleidung:** Wer im Winter reist, sollte sich reichlich mit warmen Pullovern und Jacken sowie Strümpfen eindecken. Denn die meisten Häuser am Golf sind gar nicht oder nur sehr spärlich beheizt.

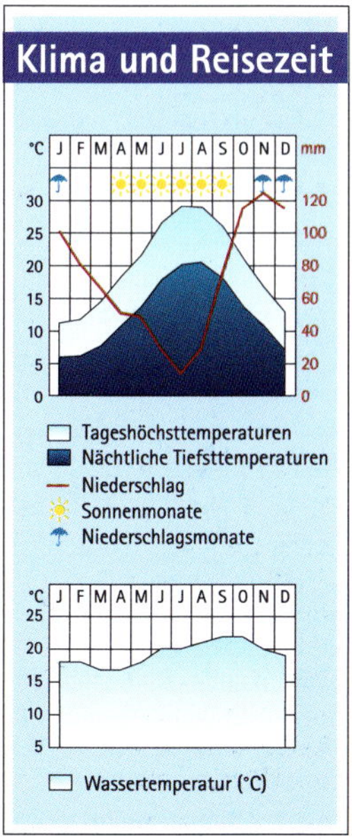


## Natur und Umwelt

„Kennst Du das Land, wo die Zitronen blühn, im dunklen Laub die Goldorangen glühn?“ So dichtete einst Goethe, und sein Vers ist zum Inbegriff der Sehnsucht nach dem Süden geworden. Denn der gesamte südliche Küstenstreifen, einschließlich der Inseln, ist ein einziger Zitronen- und Orangenhain. Leuchtende Bougainvillea rankt sich an den Häuserwänden empor, in den Parks stehen üppige Palmen, und noch die staubigste, abgasverseuchteste Straße säumen vielfarbige Oleanderbüsche. In den kleinen Inselgärten und auf den Feldern rund um den Vesuv gedeiht eine unendliche Fülle von Gemüse in der fruchtbaren vulkanischen Erde: Das reichhaltige Angebot der neapolitanischen Märkte wie auch die Speisekarten der Restaurants zeugen davon.

*Amalfitanische Küste*

Die Golfbewohner haben dennoch ein zwiespältiges Verhältnis zur Natur: Einerseits beschenkt sie sie großzügig mit ihren Gaben, andererseits zeigt sie sich gerade im Umfeld des Vesuvs auch als unberechenbare Bedrohung. Urplötzlich kann der schlafende Vulkan seine Feuermassen gen Himmel schleudern und einen Regen aus Asche und Steinen niedergehen lassen. Nicht auszuschließen ist auch, daß plötzlich die Erde erneut zu beben beginnt. Die giftigen Skorpione und Vipern, die in den Sommermonaten in den Gärten und auf den Maultierpfaden lauern, scheinen im Vergleich zu diesen „natürlichen“ Gefahren eher harmlos. Schließ-

lich zieht sich eine lange Kette solcher Naturkatastrophen durch die Geschichte des Golfes, während derer ganze Städte verschüttet und unzählige Menschenleben ausgelöscht wurden.

Die Natur ist für den Golfbewohner etwas, das einfach da ist, eine Gegebenheit, die Leben spendet und Leben fordert. Daß es Natur und Umwelt auch zu schützen gilt, davon haben die meisten Neapolitaner keine Ahnung. Sie denken vornehmlich an das eigene Überleben und das ihrer Familien; sie freuen sich kindlich, wenn sie für ein paar ergaunerte Lire ein altes Moped erstanden haben und geben begeistert Vollgas, ohne je auf die Idee zu kommen, daß dies der Umwelt schaden könnte.

Um so mehr, so möchte man meinen, müßten die Politiker für einen wirksamen Umweltschutz sorgen. Doch ist dies leider nicht der Fall: Zwar besitzt Italien inzwischen genügend Umweltgesetze, doch werden sie von Lokalpolitikern und Industriellen meist einträchtig umgangen. Dieser jahrzehntelange Klüngel ist wohl primär schuld an den erheblichen Umweltschäden der Golfregion. Luft und Wasser sind davon gleichermaßen betroffen. Zwar strahlt das Meer vor Neapel noch immer postkartenblau, doch ist es in Wahrheit mit allerlei Giften und Unrat ziemlich verseucht. Spuren der Verschmutzung sind bei ungünstiger Witterung selbst bei Capri noch unübersehbar, und auch die amalfitanische Küste bietet, wegen der im Süden angrenzenden Industriestadt Salerno, kein ganz ungetrübtes Badevergnügen. Doch hält sich hier wie auf den Inseln die Verschmutzung in erträglichen Grenzen.

## Bevölkerung

Natürlich gibt es auch in Neapel wohlhabende und gutverdienende Bürger, die in den traumhaften Terrassenwohnungen hoch über dem Golf residieren. Aber sie sind in der Minderzahl. Das Leben der meisten Neapolitaner ist noch weitgehend von Armut geprägt. Ein Gang durch die Innenstadt – treffend auch der „Bauch von Neapel“ genannt – macht dies für jeden sichtbar.

### Naturkatastrophen – eine ständige Bedrohung

Im Jahr 1980 suchte ein schweres Erdbeben die Region Kampanien heim. Sein Epizentrum lag nahe Avellino, etwa 50 km östlich von Neapel. Man hatte etwa 3100 Tote zu beklagen und über 33 0000 Obdachlose. In Neapel selbst gab es keine Toten, doch wurde die Stadt schwer erschüttert. Die Spuren sind bis heute noch nicht beseitigt: Überall stößt man auf Stützkonstruktionen, die die beschädigten Gebäude mühsam zusammenhalten.

Der letzte Vesuvausbruch ereignete sich im April 1944, mitten im Krieg. Die Amerikaner waren gerade in Süditalien gelandet, und es regnete tagelang Asche und Steine auf Italiener, amerikanische Befreier und deutsche Besatzer. Seitdem verhält der Berg sich ruhig, er hat sogar sein berühmtes Rauchfähnchen verloren. Doch die Vulkanologen warnen davor, ihn vorzeitig als erloschen zu betrachten; ein erneuter Ausbruch ist durchaus möglich, sogar wahrscheinlich.

Von einem solchen Ausbruch wäre das Zentrum Neapels nicht unmittelbar bedroht, wohl aber die Trabantenstädte Torre Annunziata und Torre del Greco; die glühende Lava würde sie innerhalb von wenigen Minuten erreichen. Leider hat die Regierung bisher für keinerlei Schutzvorrichtungen wie Fluchtwege oder Refugien gesorgt – die Bevölkerung ist der Bedrohung schutzlos ausgeliefert.

Ganze Großfamilien, oft zehn- bis zwölfköpfig, wohnen hier in den typischen Einzimmerwohnungen zu ebener Erde, den sogenannten *bassi*, zusammen. Die *bassi* sind meist fensterlos, ihre einzige Öffnung ist die Türe. Tagsüber wird diese Türe geöffnet und die Straße notgedrungen als Lebensraum mit einbezogen.

Beständige Improvisation und die Anpassung an eine harte Umwelt prägen den Alltag. Eine feste Arbeit hat hier in den Altstadtvierteln kaum jemand. Die Menschen leben von Gelegenheits- und Heimarbeit, von Schmuggel, Drogenhandel, Prostitution. Der Umgang miteinander ist herzlich und grausam zugleich. Ein ausgeprägter Familiensinn hält die Sippe zusammen und ermöglicht das Überleben: Einer hilft dem anderen – freilich nur, solange dieser spurt ...

Wie in jeder Großstadt muß auch in Neapel, wo die sozialen Probleme besonders weit verbreitet sind, vor Kriminalität gewarnt werden, insbesondere vor Taschendieben. Da auch die ehrlichen Neapolitaner unter ihren unehrlichen Landsleuten leiden, warnen sie die Fremden auf Schritt und Tritt vor den Dieben, die sie selbst als Beleidigung ihrer Gastfreundschaft gegenüber den Fremden empfinden.

Gastfreundschaft zeichnet auch die Bewohner der Inseln und der Küstengebiete aus. Während der Sommersaison verwandeln sich viele von ihnen in perfekte Hoteliers, Kellner, Bademeister – obwohl kaum einer eine diesbezügliche Ausbildung genossen hat. In den Wintermonaten kehren die meisten zu ihren traditionellen Tätigkeiten zurück: sie fischen, bestellen ihr winziges Stück Ackerland, bessern Boote, Netze, Häuser und Pergolen aus, helfen Verwandten, Nachbarn, Freunden bei den anfallenden Arbeiten.

Trotz des ungeheuren Touristenzulaufs haben sie ihr eigentliches Wesen, das auch hier in einem starken Familienzusammenhalt Ausdruck findet, behalten.

## Steckbrief

**Region**: Kampanien mit 13 595 km² Fläche

**Provinz**: Neapel mit 1171 km² Fläche

**Inseln**: Ischia (46,4 km²); Capri (10,4 km²); Procida (4 km²). Alle drei Inseln gehören zur Provinz Neapel.

**Höchste Erhebungen**: Monte Sant'Angelo (1443 m); Monte Faito (1278 m); Vesuv, mit Doppelgipfel Monte Vesuvio (1277 m) und Monte Somma (1132 m).

**Bevölkerung**: Neapel 1,3 Mio. Einw.; Ischia 44 000 Einw.; Capri 12 300 Einw.

**Einzugsgebiet von Neapel**: Pozzuoli 68 400 Einw.; Torre Annunziata 57 700 Einw.; Torre del Greco 99 600 Einw.; Castellammare di Stabia 72 400 Einw.

**Industrie**: Stahlwerke, Autoindustrie, Werften, Modeartikel, Lebensmittel, Landwirtschaft.

*Lauter bunte Luftballons: Eine Freude nicht nur für Kinderherzen*

## Die Mafia heißt hier Camorra

Der Ursprung des Wortes „Camorra" ist ungeklärt. Man weiß nur, daß sich bereits im 19. Jh, ein paar besonders clevere und skrupellose Banditen erpresserisch ins Geschäftsleben der Stadt Neapel einzumischen begannen.

Die Methoden der Camorra sind dabei denen der sizilianischen Mafia durchaus ähnlich. „Du willst eine Fabrik, einen Betrieb, einen Obsthandel aufbauen? Wir von der Camorra besorgen dir die Konzession, das Gelände, die Kredite. Dafür wirst du uns gewisse Abgaben zahlen." Man nennt sie auch Schutzgeld, und wer die Zahlung nicht leistet, muß unweigerlich mit Bestrafung rechnen: mit einer Bombe im Auto oder dem Brand in seinem Laden. Das erpreßte Geld wird in andere illegale Geschäfte investiert. Zigarettenschmuggel und Drogenhandel verhalfen der Camorra zu immensem Reichtum. Im notorisch armen, arbeitslosen Neapel fällt es ihr nicht schwer, immer wieder junge Männer zu finden, die sich für die Drecksarbeit hergeben. So wuchs die Camorra in den letzten Jahrzehnten auf etwa 5000 Mitglieder heran, die in verschiedenen Clans organisiert sind.

In den achtziger Jahren ergab sich für die Camorra ein unerwarteter „Glücksfall": Nach dem Erdbeben im Jahr 1980 stellte die römische Regierung über 50 000 Mrd. Lire (seinerzeit in etwa 80 Mrd. DM) zum Wiederaufbau zur Verfügung. Doch 1990 mußte eine parlamentarische Kommission feststellen, daß nahezu die Hälfte dieser enormen Summe spurlos in dunklen Kanälen versickert war.

## Heiligenkult und Okkultismus

Eine auffallende Besonderheit der Neapolitaner ist ihre Heiligenverehrung. In beinahe jeder Einzimmerwohnung, sei sie auch noch so eng, steht in der Ecke eine „Madonnina", oft von Plastikblumen und kleinen Glühbirnchen umrankt. Diese Madonnenstatue beschützt die Familie, man betet zu ihr, etwa wenn der Großmutter eine Herzoperation bevorsteht, aber auch wenn der Sohn nachts eine gefährliche Schmuggeltransaktion durchzuführen hat, und man bittet sie um die baldige Freilassung des wegen Drogenhandels einsitzenden Familienvaters.

Oftmals ist die Madonnina von der Fülle und Schwere der an sie herangetragenen Fürbitten überfordert; dann wendet man sich an einen der mächtigen Heiligen in den Kirchen – es gibt ihrer unzählige.

Allen voran steht San Gennaro, dessen geronnenes Blut (in zwei Phiolen im Dom) sich dreimal im Jahr verflüssigt. Viele Neapolitaner glauben felsenfest an die Wundertätigkeit der Heiligen. Für uns Mitteleuropäer ist diese Art der Frömmigkeit nur schwer begreifbar. Doch zu einem Teil erklärt sie sich wohl aus der Armut: Die Heiligen stehen für eine schönere und bessere Welt, und sie werden deshalb inbrünstig verehrt.

## Wirtschaft

Die Wirtschaftslage der Golfregion ist alles andere als rosig. In der näheren Umgebung Neapels existieren nur wenige industrielle Großkonzerne, und sie haben nur deshalb überlebt, weil sie bisher von der römischen Regierung kräftig subventioniert wurden. Etwa 25 % der Bevölkerung sind offiziell arbeitslos, doch ist diese Zahl sicher weit entfernt von der Wirklichkeit.

Dennoch arbeiten in Neapel mehr Menschen als anderswo, sogar die, die es eigentlich nicht sollten – Kinder, Jugendliche, Greise, die ihr Brot mit Schwarzarbeit verdienen. In Hinterhöfen und Kellern der Stadt produzieren illegale kleine Fabriken Schuhe, Taschen, Herrenhemden, Handschuhe, Bettwäsche, Verpakkungsmaterial, billigen Schmuck und gefärbte Stoffe. Von der Großmutter bis zum heranwachsenden Enkel arbeiten alle mit. Geregelt wird die Schwarzarbeit von einem *gruppista,* einem Mittelsmann der *Camorra.* Er ist es, der die Maschinen und das Material bereitstellt, der Aufträge und auch die „Löhne" verteilt. Bezahlt wird aber nicht die Arbeitszeit, sondern ein erbärmlicher Stücklohn. Abnehmer der fertigen Ware sind nicht selten namhafte Firmen in Norditalien, z. B. Schuhhersteller.

## Eine Wende zum Besseren?

Etwa seit 1992 befindet sich Italien in einer Phase des politischen Umbruchs. Die alten korrupten Parteien sind gestürzt. Nicht nur Mafia- und Camorra-Bosse wurden in den letzten Jahren reihenweise verhaftet, sondern auch Politiker, die sich gemeinsam mit ihnen an öffentlichen Geldern bereichert hatten. Einige der prominentesten unter ihnen sind gebürtige Neapolitaner.

Noch ist Italiens Parteienlage sehr unsicher und die Zukunft ungewiß. Doch die Menschen beginnen wieder zu hoffen – insbesondere in Neapel, wo seit 1993 ein resoluter Bürgermeister (Antonio Bassolino), angefangen hat, mit der Misere gründlich aufzuräumen.

Politisch ist die Golfregion gespalten: Die Landbevölkerung wählt rechts, die Neapolitaner links. Das mag teilweise daran liegen, daß die rechten Parteien ausgerechnet Alessandra Mussolini, die Enkelin des faschistischen *Duce,* als Kandidatin aufgestellt haben: sie zur Bürgermeisterin von Neapel zu wählen, schien wohl selbst den Neapolitanern zu gewagt.

*Die Straße ist Räumlichkeit für alle Belange des Alltags:*

*Ob Heiligenverehrung bei einer Prozession, Wäschetrocknen …*

*… oder Kinderspiel, hier ist Platz genug für alles und jeden*

## Geschichte im Überblick

**um 700 v. Chr.** Griechen wandern in Sizilien und Unteritalien ein. Sie gründen die Stadt Cumae und im 6. Jh. v. Chr. die Stadt Neapolis.

**um 340 v. Chr.** Neapel wird von Rom nach dreijähriger Belagerung besiegt, behält aber die griechische Sprache und Verfassung.

**um 90 v. Chr.** Die Römer verwandeln die Golfregion in eine hochprivilegierte Villengegend und ein Zentrum griechisch-lateinischer Kultur.

**79 n. Chr.** Erster historisch bekannter Vesuv-Ausbruch; Pompeji und Herkulaneum werden verschüttet.

**476** Untergang Westroms.

**550** Neapel fällt unter byzantinische Herrschaft.

**763** Stephan II. gründet ein nahezu unabhängiges Herzogtum Neapel, das sich fast 400 Jahre lang behauptet.

**1139** Roger II. erobert Neapel und gliedert es in sein normannisch-sizilianisches Königreich ein.

**1194** Der Staufer Heinrich IV. übernimmt das Normannenreich.

**1215–1250** Kaiser Friedrich II. regiert von Apulien aus das staufisch-normannische Erbe.

**1224** Gründung der Universität Neapel durch Friedrich II.

**1265** Papst Klemens IV. belehnt den Franzosen Karl von Anjou mit dem Königreich Sizilien.

**1267** Der letzte Staufer, der 16jährige Konradin, wird durch Karl von Anjou in Neapel hingerichtet. Damit ist der Untergang des normannisch-staufischen Reiches besiegelt. Karl verlegt die Hauptstadt von Palermo nach Neapel.

**1282** Die „Sizilianische Vesper", ein Bürgeraufstand gegen die Herrschaft derer von Anjou, bewirkt eine Abspaltung Siziliens von Neapel. Sizilien wird von den Aragonesen regiert.

**1442** Alfons I. von Aragonien erobert Neapel und vereinigt es wieder mit dem sizilianischen Königreich. Spanische Vizekönige regieren Neapel.

**17. Jh.** Die Stadt wird von einer Kette von Katastrophen heimgesucht: 1624 Hungersnot; 1631 verheerender Vesuvausbruch; 1647 Fischeraufstand mit blutigen Folgen („Masaniello-Revolte"); 1656 Pestwelle; 1688 Erdbeben.

**1712–1735** Infolge des Spanischen Erbfolgekriegs gerät Neapel unter die Herrschaft der Habsburger.

**1735** Neapel und das süditalienische Königreich fallen durch den Polnischen Erbfolgekrieg an die spanische Linie der Bourbonen.

**1806** Napoleon besetzt die Stadt und ernennt seinen Schwager Joachim Murat zum Vizekönig.

**1815** Restaurierung der Bourbonenherrschaft durch Verdikt des Wiener Kongresses. Die Bourbonen regieren Neapel und das „Königreich beider Sizilien" bis zum 7. September 1860, an dem Garibaldi mit seinen Freiheitstruppen in Neapel einzieht.

**1861** Eingliederung Neapels in das neu gegründete Königreich Italien.

**1884** Schwere Choleraepidemie.

**1944** Neapel wird von Luftangriffen und dem Vesuvausbruch erschüttert.

**1973** Erneute Choleraepidemie.

**1980** Erdbeben im Hinterland Neapels, das auch in der Stadt selbst teils schwere Beschädigungen verursacht.

**1994** Weltwirtschaftsgipfel und UN-Weltkonferenz über organisiertes Verbrechen in Neapel.

# Kultur gestern und heute

*Kaiser Tiberius hinterließ der Golfregion prachtvolle Villen*

Es sind vor allem zwei Epochen, die Neapel und die Golfregion kunstgeschichtlich geprägt haben: Antike und Barock. Zwar gibt es in Neapel selbst auch zahlrieche Zeugnisse des Mittelalters und der Renaissance, doch sind sie für die Stadt nicht typisch; nicht selten sind die mittelalterlichen Strukturen von barockem Dekor überformt und lassen sich darunter nur noch erahnen.

## Die Antike

An kaum einem Ort kann man die Antike besser studieren als am Golf von Neapel. Bei dem katastrophalen Ausbruch des Vesuvs im Jahr 79 n. Chr. wurden die Städte *Pompeji* und *Herkulaneum* mit Asche und kleinen Steinen überschüttet und damit für die Nachwelt konserviert. Bis in die Details hinein läßt sich heute das Alltagsleben der Bewohner von vor

*Ein dramatisches Ereignis: »Untergang von Pompeji«, Holzstich nach Heinrich Leutemann*

### Antike Stadtplanung

Die Altstadt Neapels bedeckt genau die Fläche, auf der die Griechen im 6. Jh. v. Chr. die Stadt Neapolis gründeten, und auch die antike Struktur ist erhalten geblieben. Ein Blick auf den Stadtplan zeigt, daß das Straßennetz dem der verschütteten Städte Pompeji und Herkulanum ganz ähnlich ist. Die Anzahl der von Ost nach West verlaufenden Straßen (in Neapel sind es drei), *Decumani* genannt, wurde von den antiken Stadtplanern absichtlich niedrig gehalten, um die schlechte Luft aus den die Stadt umgebenden Sümpfen weitgehend fernzuhalten. Die Zahl der Straßen in Nord-Süd-Richtung, der *Cardines*, ist dagegen sehr viel größer (etwa 20), denn sie gewähren der frischen Meeresluft Zutritt. Die zwischen Quer- und Längsstraßen entstandenen Häuserblocks, die *Insulae*, bilden bis heute die Zellen der Altstadt. Eine nähere Betrachtung eines dieser Häuser, die über den antiken Grundmauern aufgebaut wurden, ist außerordentlich interessant, denn das jahrtausendealte Schichtwerk läßt sich vielerorts buchstäblich ablesen.

2000 Jahren verfolgen. Ein wirkliches Begreifen stellt sich allerdings erst ein, wenn man auch das *Archäologische Nationalmuseum* in Neapel besucht (s. S. 33): Dort werden die wertvollsten Funde aus den verschütteten Städten aufbewahrt – vor allem die Fresken, Höhepunkt der römischen Malerei.

## Mittelalter und Renaissance

Es heißt zwar, im frühen Mittelalter habe Neapel eine ausgesprochene Blütezeit erlebt, doch erst das späte Mittelalter und die Renaissance hinterließen reichhaltige Spuren. Am reinsten erhalten sind die gotischen Kirchen *San Lorenzo Maggiore* und *Santa Croce*, in denen sich die Könige des Hauses Anjou in prachtvoll geschmückten Gräbern beisetzen ließen. Im wuchtigen *Castel Nuovo* mit seinem bedeutenden Triumphportal, einer Art Wahrzeichen Neapels, verschmelzen Spätantike und Renaissance. Ein besonderes Kleinod ist die Kirche *Sant'Anna dei Lombardi*, die mit ihrer reichen Ausstattung einem Renaissancemuseum gleicht.

## Barock und Rokoko

Dem neapolitanischen Gemüt entspricht noch heute der Barockstil. In den Kirchen drückt er sich düster und prunkvoll aus. Ein Juwel sowohl der barocken Kirchenarchitektur als auch für die magiegläubigen Neapolitaner ist die *Domkapelle des hl. Gennaro*, in der sich alljährlich das berühmte Blutwunder ereignet. Ein weiteres Prunkstück ist die Kirche *San Gregorio dei Armeni*. Fast alle älteren Kirchen wurden zur Barockzeit erweitert und umgestaltet: Eine Schule von talentierten Malern *(Caravaggio, Domenichino, Caracciolo, Ribera, Giordano* u. a.) bemalte Decken, Wände und Kapellen.

Doch nicht nur die Kirchen, ganz Neapel und Umgebung wurde vom „Barockfieber" erfaßt. Stuck, Marmor und vor allem glasierte, teils auch bemalte *Majolika* – ein in der Golfregion weitverbreitetes Kunsthandwerk – verliehen den älteren Bauten ein völlig neues Aussehen. Zur Zeit des Rokoko entstand die berühmte Porzellanmanufaktur von *Capodimonte*, die den prachtliebenden Hof der Bourbonenkönige belieferte. Kaum weniger berühmt sind die neapolitanischen *Krippen*, eine Miniaturwelt von unglaublicher Kunstfertigkeit, die dem späten 17. Jh. ihre unverwechselbare Eigenart verdanken.

## Kulturstadt mit Niveau

Eine Reihe schöner Bauten wie den Glaskuppelbau der *Galleria Umberto* verdankt Neapel den neuen architektonischen Möglichkeiten des 19. Jhs. Die Gegenwart ist baugeschichtlich ein eher düsteres Kapitel. Dafür darf die Stadt auf seine hervorragende Musiktradition stolz sein: Das *Teatro San Carlo*, an dem einst die Opern der größten italienischen Komponisten (Rossini, Bellini, Verdi) uraufgeführt wurden, ist bis heute ein weltweit hochgeschätztes Opernhaus. Auf die neueren gesellschaftlichen Entwicklungen zugeschnitten und dem neapolitanischen Alltag auf den Mund geschaut sind die sogar von höchststaatlicher Seite anerkannten Produktionen der *Compagnia del Teatro Umoristico*, das der Dramatiker *Eduardo de Filippo* ins Leben rief. Zudem gibt es in Neapel auch eine beachtliche Gelehrtentradition. Bereits im 16. Jh. entwickelte sich die Stadt zur philosophischen Kapitale Italiens. Hier lehrten und schrieben die „ketzerischen" Philosophen *Giordano Bruno* und *Tommaso Campanella* (beide um 1600); auch *Benedetto Croce* (1866 bis 1952), der als Italiens größter Philosoph der Neuzeit gilt, war Neapolitaner. Seit 1975 erregt das Institut für philosophische Studien internationale Aufmerksamkeit. Einer der populärsten Schriftsteller ist der Neapolitaner *Luciano De Crescenzo*, der in seinem amüsanten Buch „Also sprach Bellavista" einen hervorragenden Einblick in die Seele seiner Landsleute gibt.

## Feste und Veranstaltungen

**Neapel:** Das weitaus wichtigste und typischste neapolitanische Fest ist das *Blutwunder des hl. Gennaro:*

Am 1. Maisonntag und am 19. September verflüssigt sich das in kristallenen Phiolen aufbewahrte Blut des frühchristlichen Märtyrers und Schutzpatrons der Stadt. Farbenprächtige Prozessionen begleiten die Feierlichkeiten im Dom. Seit einiger Zeit gibt es sogar einen dritten Wundertermin, den 16. Dezember.

Hoch her geht es auch bei der *Festa della Piedigrotta*, die vom 7. bis 9. September stattfindet. Dabei wird ein neapolitanisches Schlagerfestival der *canzone napoletana* ausgetragen, den Jahrmarktsrummel, Umzüge und Feuerwerk begleiten.

Am 16. Juli wird die *Festa della Madonna del Carmine* gefeiert, die mit großem Feuerwerk an den Brand des Campanile der gleichnamigen Kirche erinnert.

**Tip**: In **Nola,** 18 km im neapolitanischen Hinterland, findet vom 20. bis 23. Juni eines der schönsten und ältesten Feste Italiens statt, die *Festa dei gigli*, die aufs Jahr 431 zurückgeht.

Wie damals schleppen auch heute noch die jungen Männer des Ortes 20 bis 30 m hohe geschmückte Holzobelisken (die *gigli* oder *guglie*) in einer festlichen Prozession unter lebhafter Beteiligung der Bevölkerung durch die Straßen.

Auch auf den Inseln und in den Küstenorten feiert man rund um das Jahr Feste. Die meisten sind religiösen Ursprungs, haben sich aber nicht selten in reine Volksvergnügungen verwandelt.

Einer der ersten großen Festanlässe im Jahreslauf auf **Ischia** ist die große *Karfreitagsprozession* in Ponte.

Am 17. Mai wird in Lacco Ameno mit prächtiger Bootsprozession das *Fest der Santa Restituta* begangen.

Am 24. Juni feiert man in Buonapane das Patronatsfest, bei dem die *La'ndrezzata* aufgeführt wird.

Es ist ein alter, der Tarantella verwandter Männertanz. (s. S. 55).

Eine farbenfrohe Bootsprozession mit Blumenkorso und ein Feuerwerkspektakel begleiten in Ponte am 26. Juli das *Sant'Anna-Fest.*

Eine der wichtigsten Feierlichkeiten auf **Procida** ist der Karfreitagsumzug in den traditionellen Kapuzenkostümen.

Mit Musik auf historischen Musikinstrumenten begleitet man den *Neujahrsumzug* am 1. Januar auf der Insel **Capri**.

Am 14. Mai wird bei der *Festa di San Costanzo* dem Schutzpatron der Insel mit einer Prozession gehuldigt.

Die *Panathäen,* internationale Musikfestspiele mit Starbesetzung, ziehen im Juli und August zahlreiche Fans zu den antiken Amphitheatern von **Pompeji.**

**Positano** zelebriert am 15. August die *Sarazenenschlacht,* ein Bootsfest mit abschließendem Feuerwerk.

Alle vier Jahre (1997) feiert **Amalfi** die *Regatta storica,* ein aufwendiges Bootsfest in Kostümen, mit dem Amalfis großer Zeit als Seerepublik gedacht wird.

In memoriam des Besuches von Richard Wagner im Jahr 1880 werden im Garten der Villa Rufolo in **Ravello** sommerliche Wagner-Konzerte veranstaltet.

Am 7. Juli hält **Cava dei Tirreni** die *Disfida dei Trombonieri* ab, ein großes Volksfest mit historischen Umzügen.

# Essen und Trinken

Ein Gang durch die Altstadt Neapels kommt einem Frontalangriff auf alle Sinne gleich – inklusive der Nase. An allen Ecken und Enden wird hier fritiert und gebrutzelt: Reisbällchen, Teigtaschen mit Mozzarella, Gemüsehäppchen, Fleischstückchen, Tintenfischringe. Nicht zu vergesssen die allgegenwärtige Pizza, die zu jeder Tages- und Nachtzeit verzehrt wird (auch als fritierte Variante, *pizza fritta)*. Feilgeboten werden diese Leckereien an Straßenständen *(frigitorie)*.

In Neapel satt zu werden, ist also auch für Leute mit kleinem Geldbeutel kein Problem. Darüber hinaus läßt das Angebot an Restaurants und Trattorien in der ganzen Golfregion kaum Wünsche offen.

Preislich haben sie sich mittlerweile fast alle auf zwei Klassen eingependelt; eine mit hohen und eine mit angemessenen Preisen, der sich auch die ehemaligen Bauernlokale zugesellen. Die erste Kategorie bietet Kochkunst nach Feinschmeckerrezepten, die zweite serviert gute neapolitanische Hausmannskost.

Das Menü beginnt mit einem *antipasto* (Vorspeise), der aus Meeresfrüchtesalaten, fritiertem oder mit Öl und Zitrone beträufeltem Gemüse bestehen kann. Eine Spezialität ist die *mozzarella di bufala*, ein in Salzlake eingelegter Weißkäse aus Büffelmilch, der zusammen mit frischen Tomaten und Basilikum die *insalata caprese* ergibt.

Nach angemessener kleiner Pause folgt dann ein *primo* (erster Gang), in der Regel ein Nudelgericht *(pasta)*. Besonders beliebt sind die *vermicelli alle vongole* (Spaghetti mit Venusmuscheln). Wer ein typisch neapolitanisches Gericht probieren will, wählt *fusilli*, kurze, gedrehte Nudeln, *alla ricotta*. Aber auch mit den altbekannten *maccharoni al ragù*, langen, dicken Nudeln mit Hackfleischsoße, ist man gut beraten. An die Stelle der Nudeln kann allerdings auch eine Suppe treten, etwa die berühmte *maritata* aus Blumenkohl und Schweinefleisch.

Der *secondo* (zweiter Gang) besteht aus Fisch oder Fleisch. In Neapel selbst mischt man gern beides und fritiert es zusammen mit verschiedenen Gemüsesorten *(fritto misto)*. Als durchaus leckeres Überbleibsel aus der Arme-Leute-Küche bietet die Speisekarte häufig Gekröse *(frattaglie)* vom Schwein oder Rind oder ein Fischgericht aus kleinem Meeresgetier. Edlere Teile von Fisch und Fleisch kommen aber ebenso auf den Tisch, entweder gebraten oder mit diversen Soßen, deren Ingredienzen wahlweise aus Olivenöl, Knoblauch, Tomaten, Oliven, Kapern oder Sardellen bestehen.

Fischesser kommen am Golf im doppelten Sinne auf ihre Kosten: einmal, weil es tatsächlich eine Vielfalt von feinen, delikat zubereiteten Fischen gibt, zum anderen, weil Fisch heute auch in dieser meerumspülten Region rar und

## Pizza Margherita

Selbstverständlich kann man sich beim *secondo* auch für eine Pizza entscheiden. Hiervon hat Neapel allerdings auch eine unermeßliche Zahl verschiedener Variationen anzubieten. Im Juni 1889 soll gar Königin Margherita von Savoyen eine kleine Auswahl nach Capodimonte gebracht worden sein. Diejenige, die ihrem Gaumen am meisten zusprach, war angeblich die heute noch nach ihr benannte Pizza Margherita, deren Zutaten (Tomate, Basilikum, Mozzarella) farblich die italienische Flagge nachahmen.

kostspielig geworden ist. Der Golf selbst ist weitgehend leergefischt; die Fische stammen aus den entfernteren Gewässern nahe der Inseln Sardinien und Sizilien. Was aber keiner sich entgehen lassen sollte, ist eine gegrillte Scheibe vom Schwertfisch *(pesce spada):* er ist einzigartig in seinem Geschmack und selbst für Fischmuffel eine Köstlichkeit.

Auf den Inseln (deren Bewohner stets mehr Bauern als Fischer waren) werden gebratene Kaninchen, Hühnchen und Zicklein bevorzugt, alles frisch aus dem Stall. Dazu serviert man gedünstetes Gemüse aus Garten und Feld.

Den Abschluß des Menüs bildet eine Süßspeise. Die neapolitanischen *dolci* sind jedoch meist so schwer und zuckersüß, daß man sie besser außerhalb der Mahlzeiten genießt. Dies ist auch deshalb ratsam, weil sie hauptsächlich in den *pasticcerie* und Bars angeboten werden, meist in erheblich besserer Qualität als im Restaurant.

## Die berauschenden „Tränen" des Vesuvs

*Lacrimae Christi,* die Tränen Christi, so heißt ein weithin berühmter Wein, der an den Hängen des Vesuvs gedeiht. Es gibt ihn in einer trockenen und einer süßen Variante – als solcher ist er eher einem Likör ähnlich.

Die Golfregion zählt nicht gerade zu den großen Weingebieten Italiens, weniger wegen mangelnder Qualität als wegen der geringen Menge. Dies gilt besonders für die Inselweine (vor allem den weißen Capri-Wein), die zwar sehr geschätzt werden, aber auch auf den Inseln selbst nur in den Restaurants zu haben sind. Beliebte Tropfen sind außerdem der *Falerno,* ein schwerer Rotwein, den angeblich schon die alten Römer tranken, oder der weiße herb-aromatische *Greco di Tufo,* der *Asprino,* ein moussierender Weißwein, und die Weine von Ravello *(Gran Caruso, San Marco).*

# Urlaub aktiv

Die Golfregion hat ihre Berühmtheit deshalb erlangt (und trotz mancher Anfechtungen auch behalten), weil sie eine Fülle von sehr unterschiedlichen Aktivitäten ermöglicht. Neben Kunst- und Kulturgenuß bietet sie Alltagsgeschichte der Antike pur in den Ruinenstädten Pompeji und Herkulaneum, sinnliches Erleben von Vulkanismus in den Campi Flegrei und auf Ischia sowie Erholung im Kur- und Schönheitsurlaub auf Ischia. Und natürlich laden Land und Meer noch zu einer Reihe weiterer sportlicher Aktivitäten ein.

**Baden**: Die Küsten der Golfregion erweisen sich nur stellenweise als ideales Badegebiet. Dazu gehören in erster Linie die sandigen oder feinkiesigen Strände von Ischia. Capri sowie die amalfitanische Küste bieten nur beschränkt Bademöglichkeiten in Form von meist sehr kleinen und felsigen Badebuchten, die oft nur über eine Unzahl von Treppen zu erreichen sind. Das Meer unmittelbar vor Neapel ist wegen der Verschmutzung nicht zum Baden geeignet.

**Tauchen**: Die Küsten vor der Punta Campanella (sorrentinische Halbinsel) und die Gewässer vor Amalfi sind ein Dorado für Taucher wegen der zahlreichen unterirdischen Grotten und der üppigen submarinen Flora und Fauna. Exkursionen mit dem Boot vermitteln die Informationsbüros der Aziende Autonome vor Ort.

**Segeln und Surfen**: In vielen Küstenorten werden Segelboote und Surfbretter verliehen. Schulen für diese Sportarten gibt es jedoch nur vereinzelt, vor allem auf Ischia. Die wichtigsten Häfen für Segler sind Neapel (☏ 081/206163), Amalfi (☏ 089/871366) und Positano (☏ 089/875486). Weitere Auskunft erhält man bei den lokalen Büros der Aziende Autonome.

**Großfischfang und Unterwasserjagd** (Pesca subacquea) sind nur mit Genehmigung der Provinzverwaltung möglich. ℹ Federazione Italiana della Pesca Sportiva, Viale Tiziano 70, 00189 Roma, ☏ 06/36858522. Informationen bei den Aziende Autonome.

**Drachenfliegen**: In Positano werden während der Saison Wettflüge organisiert. ℹ Azienda Autonoma, Via Marina, ☏ 0 89/875067.

**Wandern**: Die beiden Inseln und die amalfitanische Küste sind vorzügliche Wandergebiete. Sie erfordern jedoch wegen ihrer steilen Hänge ein wenig Kondition. Es gibt auch keine angelegten Wanderwege; man bewegt sich vielmehr auf Maultierpfaden fort. Wegbeschriftungen sind ebenfalls rar und Wanderkarten schwer zu bekommen. Am besten bestellt man sie selbst beim Istituto Geografico Militare, Sezione Vendite, Viale F. Strozzi 14, 50129 Firenze.

**Reiten**: Auf Ischia kann man nicht nur auf Eseln reiten, sondern auch Reitpferde mieten, die an die steilen Wege gewöhnt sind. ℹ Azienda Autonoma. Scalo Portosalvo, 80077 Ischia, ☏ 081/991146.

**Pferderennen** werden nur als passive Sportart angeboten. Durchaus aktiv beteiligen kann man sich allerdings mit seiner Wettleidenschaft im Ippodromo di Agnano (☏ 081/7601660).

**Thermalkuren**: Über die Kurmöglichkeiten auf Ischia informiert die Azienda Autonoma di Cura, Soggiorno e Turismo delle Isole Ischia e Procida, Corso Vittoria Colonna 116, 80077 Ischia, ☏ 081/991464.

**Fußball**: Ein sportliches Ereignis besonderer Art ist ein Heimspiel des SSC Neapel auf der Rasenfläche des Stadio San Paolo in Fuorigrotta. Hier empfiehlt sich allerdings eine rechtzeitige Kartenreservierung einige Monate im voraus direkt beim Clubsekretariat, Piazza dei Martiri 30, 80121 Napoli, ☏ 081/407477.

# Unterkunft

Kurfreuden wie im Paradies: In den Poseidon-Gärten auf Ischia

Hotels in Neapel – und Hotels auf den Inseln und Küstenhängen: Das sind zwei sehr verschiedene Paar Stiefel. Es gibt zwar in Neapel einige Luxushotels, doch viel zu wenig geeignete Mittelklassehotels, die zudem notorisch ausgebucht sind. Die Billighotels sind meist schlicht unzumutbar. Dafür warten die Inseln und die Küsten mit einem hervorragenden Angebot an Unterkunftsmöglichkeiten auf: Hotels aller Kategorien, von der Nobelherberge bis zur einfachen Familienpension; Ferienhäuser und -appartements für jeden Geschmack. Für die meisten Reisenden wird es daher die beste Lösung sein, außerhalb Neapels Quartier zu beziehen und von dort aus die Stadt anzusteuern.

Sonne und die richtige Brise vorm Strand von Maronti auf Ischia

Die Verkehrsverbindungen am Golf sind geradezu ideal, sowohl der Fährdienst zu den Inseln als auch der Schienenbus zur sorrentinischen Halbinsel und zum Cap Miseno. Allerdings gilt dies nur für die Sommersaison, die von April bis Oktober dauert. Im Winter machen etwa zwei Drittel aller Hotels und Restaurants am Golf dicht, und auch die Fährverbindungen zu den Inseln sind eingeschränkt. Wer im Winter Neapel besuchen möchte, sollte die Reise gut vorzubereiten und rechtzeitig Zimmer in einem der wenigen geöffneten Hotels bestellen.

Hotel der Luxusklasse vor Neapels Hafenkulisse

## Hotels

Hotels und Pensionen sind offiziell in fünf Kategorien eingeteilt: Luxusklasse (*** **), 1. Kategorie (*** *), 2. Kategorie (***), 3. Kategorie (**), 4. Kategorie (*). Die Preise gestalten sich jedoch auch innerhalb der einzelnen

Klassen sehr unterschiedlich. Während der Hauptsaison ist Vorbestellung unbedingt ratsam, da viele Hotels von Pauschalreisenden besetzt sind.

## Jugendherbergen

In der gesamten Golfregion gibt es nur vier Jugendherbergen (in Neapel, Agerola, Salerno und Sorrent, keine auf den Inseln), die außerdem in der Saison meist überfüllt sind: also unbedingt vorbestellen! Ein internationaler Jugendherbergsausweis ist erforderlich. Bettwäsche wird gestellt.

🛈 Associazione alberghi per la gioventù, Via del Chiostro 9, 80134 Napoli, ☏ 081/320084

## Camping

Es gibt am Golf nicht sehr viele Campingplätze, und nur wenige sind wirklich schön. Oftmals kann man sich auch in Bungalows oder Holzhütten mit Selbstversorgung einmieten. Auf Capri ist Camping generell verboten. Auf Ischia existieren insgesamt nur drei Plätze (Hinweise im Text).

## Agriturismo

Diese Form der Unterkunft genießt vor allem bei Familien immer größere Beliebtheit. Abseits vom städtischen Treiben vermieten einige Bauern Zimmer, Wohnungen, zuweilen auch ganze Häuser. Frühstück und Abendessen aus der ländlichen Küche sind auf Wunsch meistens zu haben. Auf den Inseln ist Agriturismo allerdings kaum mehr anzutreffen, da ohnehin fast jeder Bauer zum Hotelbesitzer geworden ist.

🛈 80121 Napoli, Via Santa Lucia 90,
☏ 081/425238.
81100 Caserta, Palazzo Reale,
☏ 089/322233.
84100 Salerno, Via Velia 15,
☏ 089/224322.

Auch die Aziende Autonome vor Ort geben Auskunft über Agriturismo-Adressen.

# Reisewege

## Mit der Bahn

Von Deutschland, Österreich und der Schweiz gibt es täglich einmal eine Direktverbindung nach Neapel. Weitere Züge enden in Rom, doch zwischen Rom und Neapel bestehen stündlich Schnellzugverbindungen. Eine günstige Reisemöglichkeit bieten auch die regelmäßig verkehrenden Nachtzüge. Hier empfiehlt sich jedoch rechtzeitige Platzreservierung im Liege- oder Schlafwagen. Falls der Abreisetag noch nicht feststeht, kann man für die Rückfahrt auch am Bahnhof von Neapel reservieren. Dies ist jedoch nur zu empfehlen, wenn man außerhalb der Saison reist und etwas Geduld mitbringt.

## Mit dem Auto

Über die Autobahn A2 ist Neapel an das internationale Autobahnnetz angeschlossen. Die italienischen Autobahnen sind gebührenpflichtig, nur die Strecke Salerno–Reggio Calabria kann kostenlos befahren werden. Auf Capri ist Autofahren für Touristen während der Saison verboten. Nach Ischia und Procida können Pkws mitgenommen werden.

**Hinweis für Autofahrer:** Lassen Sie nichts im Wagen liegen, was zum Diebstahl reizen könnte.

## Mit dem Flugzeug

Von mehreren Städten Deutschlands und der Schweiz kann man Direktflüge zum Flughafen Napoli-Capodichino buchen. Linienflugzeuge legen meist einen Zwischenstopp in Rom, Mailand oder Turin ein. Täglich mehrmals gibt es außerdem Flugverbindungen mit Mailand und Rom.

# *** Neapel

## Metropole des Südens

**Nach Rom und Mailand ist Neapel, Hauptstadt Kampaniens, mit rund 1,2 Mio. Menschen die drittgrößte Stadt Italiens. Die Lage am blauen Golf zu Füßen des Vesuvs, die Neapel so berühmt werden ließ, ist noch immer traumhaft, doch hat sich das vielgepriesene Gesicht der Stadt gründlich verändert. Die alten Fischerviertel sind niedergerissen und durch Hotel- und Bürobauten kosmopolitischen Zuschnitts ersetzt worden. Wie ein riesiger Ölfleck hat sich die Stadt nach allen Richtungen ausgebreitet, während die alten Viertel der Innenstadt in einen Zustand der Verwahrlosung geraten sind.**

**Neapel ist trotz allem eine äußerst sehenswerte Stadt – nicht nur, weil sie als Museumsstadt in der ersten Reihe rangiert. Die schwärzlichen baufälligen Altstadtviertel, auf den ersten Blick erschreckend, vermögen in ihrer unglaublichen chaotischen Lebendigkeit auch noch den skeptischsten Besucher zu überwältigen. Unweigerlich wird er alsbald darüber ins Staunen geraten, was alles menschenmöglich ist und, daß Neapel trotz eines chaotischen Innenlebens auch eine Weltstadt ist. Es gibt eine traditionsreiche und sorgsam gepflegte Kultur der Musik, Archäologie, Kunstwissenschaft und Philosophie. Es gibt, zum Trost des Besuchers, auch einen gediegenen, altmodischen Luxus. Neapel ist in jeder Hinsicht die Metropole des italienischen Südens.**

## Geschichte

Die Anfänge Neapels liegen im Mythischen: In „grauer" griechischer Vorzeit – so die Legende – stürzte sich die Sirene Parthenope, da sie Odysseus nicht hatte bezwingen können, aus Verzweiflung ins Meer. Griechische Siedler aus Rhodos errichteten ihr einen Altar, um der hier an Land gespülten Halbgöttin ihre Opfergaben darbringen zu können.

Neapels gesicherte Geschichte beginnt mit der cumäischen Gründung der Neapolis („Neue Stadt") im ausgehenden 5. Jh. v. Chr. Diese Siedlung entstand an jener Stelle, an der heute die Altstadt liegt. Um 340 v. Chr. drangen die Römer in den Süden vor und begannen das Gebiet zu erobern. Die Griechen der Neapolis wehrten sich lange, mußten sich jedoch 328 v. Chr. der Übermacht der Römer ergeben. Gegen den Einfall der Germanen nach dem Untergang Roms konnte sich die gutbefestigte Stadt einigermaßen behaupten. Doch 536 n. Chr. nahm Belisar mit seinen Truppen Neapel ein und unterstellte es der Herrschaft der Byzantiner. 763 erklärte Stephan II. die Stadt zum weitgehend unabhängigen Herzogtum, das bis 1139 bestand und Neapel seine größte Blütezeit bescherte.

1139 eroberte der Normanne Roger II. das Herzogtum Neapel und integrierte es in sein Königreich Sizilien. Nachdem der Staufer Friedrich II. 1212 zum König und 1220 zum deutschen Kaiser gekrönt worden war, gründete er in Neapel eine Universität (1224) und ließ die Stadtmauer umfassend erneuern. Nach dem Untergang der normannisch-staufischen Regentschaft fiel das Königreich Sizilien dem französischen Herrscherhaus der Anjou zu, danach (1442) an die spanischen Könige von Aragonien und 1504 an die spanische Linie der Habsburger, die Neapel zum Sitz eines Vizekönigs machten. Die Bevölkerung nahm in den folgenden Jahrhunderten beträchtlich zu, das Stadtbild veränderte sich erheblich: Neue Straßenzüge und Viertel entstanden, Kirchen und Palazzi wurden neu errichtet. Als größter Bauherr fungierte der Vizekönig Don Pedro de Toledo (1532–1553), an den die Hauptstraße Via Toledo erinnert.

Städtisches Leben in Neapel vor hundert Jahren, Foto um 1890

Im 17. Jh., in dem Hungersnot, Vesuvausbruch, Bürgerkrieg („Masaniello-Revolte"), Pestwelle und Erdbeben Neapel nacheinander heimsuchten, entstand unterhalb des Vomero das Volksviertel „Quartiere Spagnolo".

Nach der Entscheidung des Spanischen Erbfolgekrieges fiel Neapel 1713 für kurze Zeit an die Österreicher, durch den Polnischen Erbfolgekrieg 1734 sodann an die spanische Linie der Bourbonen, die das „Königreich beider Sizilien" mit einer kurzen Unterbrechung bis zum Einigungsjahr 1861 zu ihrem Machtbereich zählten.

Die Unterbrechung bewirkte Napoleon, der Italien 1806 in einem Blitzfeldzug überrollte und es ein gutes Jahrzehnt lang beherrschte. In Neapel regierte Napoleons Schwager Joachim Murat, bis 1815 die Bourbonen restaurieren konnten.

Mit der Einigung Italiens nahm Neapels jahrhundertelanges Schicksal als „spanische Provinz" ein Ende. Zugleich trat jedoch auch die wirtschaftliche und soziale Rückständigkeit des italienischen Südens zutage. Schwere Luftangriffe in den letzten Jahren des Zweiten Weltkrieges, Naturkatastrophen und auch Epidemien haben die übervölkerte Stadt bis in die jüngste Vergangenheit erschüttert.

*Eine Straße ohne Winkel: Die schnurgerade Spaccanapoli*

## Stadtbesichtigung

Die Besichtigung Neapels verlangt vom Besucher nicht nur Interesse und Toleranz gegenüber dieser eigenwilligen Stadt, sondern auch ein gewisses Durchstehvermögen. Dies gilt insbesondere für die – 1995 von der UNESCO zum Weltkulturerbe erklärte –

**Altstadt.** Etwa auf halber Höhe der Via Toledo zweigt rechts eine schmale Straße – oder besser Straßenschlucht – ab, die im neapolitanischen Volksmund *Spaccanapoli* genannt wird. Auf dem

*Fertigung auf kleinstem Raum: Werkstatt im Quartiere Spagnoli*

Stadtplan trägt sie freilich andere Namen (hintereinander Via D. Capitelli, Via B. Croce, Via S. Biagio). Die Bezeichnung „Spaccanapoli" („spaltet Neapel") ist jedoch ganz treffend, denn die Straße zerschneidet die Altstadt tatsächlich in ihrer ganzen west-östlichen Länge. Sie entspricht der unteren Hauptquerstraße (Decumano) der griechisch-römischen Stadt Neapolis. Zusammen mit der parallel verlaufenden Via Tribunali (auch diese ein antiker Decumano) ist sie eine der chaotischsten und erstaunlichsten Straßen nicht nur Neapels, sondern ganz Europas.

Man sollte sich einfach dem unglaublich lebendigen Sog dieser Straße überlassen, die auch von zahlreichen beachtlichen Kirchen gesäumt wird.

Gleich hinter der Abzweigung von der Via Toledo steht die gotischen Kirche

** **Santa Chiara ❶**. Schon beim Eintritt strahlt der große, nach der Restaurierung wieder gotische Kirchenraum eine feierlich kühle Wirkung aus. Er ist die Grabstätte der Königsfamilie von Anjou, die Neapel im 14. Jh. beherrschte. In beinahe jeder Seitenkapelle liegt ein Familienmitglied der Anjou in einem kostbaren gotischen Sarkophag. Die wichtigsten Grabdenkmäler aber sind die von König *Robert dem Weisen* und seiner engsten Angehörigen. Das *Grabmal König Roberts* – er ist übrigens der Begründer der ab 1310 entstandenen Kirche – ist besonders prächtig: Ein 14 m hohes Baldachingehäuse mit zahlreichen Statuetten umgibt den Sarkophag. Daneben stehen die Grabmäler seines erstgeborenen Sohnes Karl und seiner jung verstorbenen Ehefrau, *Maria von Valois*, die mit neunzehn Jahren bereits fünf Kinder hatte.

Von einer kleinen Seitenstraße links neben der Kirche hat man Zutritt zum ** *Majolikakreuzgang*. Er gehört zum Bezauberndsten, was Neapel zu bieten hat. Den stillen grünen Garten des Kreuzgangs umgeben niedrige Mäuerchen mit Sitzbänken und Säulen, die über und über mit bunten Majoliken verkleidet sind. Eine Fülle spätbarocker Miniaturmalereien ist darauf verewigt: Landschaften, Pulcinella-Szenen, Darstellungen von Jagd und Fischfang, Tanz und Spiel. Das durch das Laub der Pergola fallende Licht scheint damit zu verschmelzen.

Wieder auf den Platz vor der Kirche zurückgekehrt, steht man der trutzigen Diamantquaderfassade der Kirche *Gesù Nuovo* gegenüber, die einen Kontrast zu Santa Chiara darstellt.

Inmitten der Piazza ragt die *Guglia dell'Immacolata* empor, eine der zahlreichen barocken Pestsäulen Neapels – ein Wahrzeichen der Stadt. Von hier aus blickt man die nahezu 2 km lange **Spaccanapoli** hinunter. Sie ist vor allem die Straße der Händler, die sich in Zunftgruppen zusammengeschart haben: zunächst die Silberschmiede, dann die Krippenmacher, dann die Buchhändler . . .

Die 1590 entstandene * **Cappella Sansevero ❷**, Grabkapelle der Familie Sagro-Sansevero in der Via F. De Sanctis, sollte man sich nicht entgehen lassen, denn sie birgt höchst merkwürdige Dinge (🕓 10–19.30 Uhr). Von den barocken Marmorstatuen ist der in der Mitte des Raumes liegende „tote Christus" zweifellos die erstaunlichste: Ein marmorner Schleier, so durchsichtig und fein wie Musselin, bedeckt die Sta-

## Silber, Gold und Heiliges

Rings um die Pfandleihanstalt **Monte di Pietà ❹** haben sich die Gold- und Silberschmiede niedergelassen. Hier kann man noch günstig kleinen Goldschmuck erstehen. Die Auslagen sind im übrigen gespickt mit silbernen Miniaturkörperteilen: Devotionalien, die nach einer glücklich überstandenen Krankheit oder Operation dem Lieblingsheiligen verehrt werden.

tue, die der Bildhauer *Giuseppe Sammartino* geschaffen hat. Doch es geht die Sage, *Prinz Sansevero,* der ein leidenschaftlicher Alchimist war, habe über die unverschleierte Figur einen Stoff geworfen, getränkt mit einer geheimnisvollen Lösung, die das Gewebe mit dem Marmor eins werden ließ.

Doch damit nicht genug. Eine Wendeltreppe führt in den Keller der Kapelle, wo zwei äußerst ungewöhnliche Figuren stehen: die nur aus versteinertem Aderngeflecht bestehenden Gestalten eines Mannes und einer Frau (sie war offensichtlich schwanger, der Kopf des Kindes in ihrem Bauch ist noch zu erkennen). Auch dies ist angeblich ein Werk des alchimistischen Prinzen: In der Stunde ihres (natürlichen?) Todes habe er den beiden Menschen eine zu Stein werdende Masse in die Adern gespritzt - ein eigenwilliges Zeugnis des in Neapel weitverbreiteten Totenkults.

Die *Via Gregorio Armeno,* die links von der Spaccanapoli abbiegt, ist die Straße der Krippenfiguren, die hier zu Tausenden zum Verkauf ausgestellt sind. Es ist dies einer der malerischsten Winkel Neapels. Über den bunten Gipsfiguren flattert die Wäsche, und im Hintergrund ragt der rot-gelb getünchte Campanile der Kirche

**San Gregorio dei Armeni** ❸ in den Himmel. Die Ausstattung des Innenraums ist ungemein prachtvoll; das sog. „Paradies auf Erden" wirkt auch heute noch atemberaubend, selbst nachdem der Goldglanz verblaßt und fast schwarz geworden ist.

Am Castel Capuano, dem heutigen Gerichtsgebäude, endet die *Spaccanapoli.*

Ein gutes Stück dahinter liegt die ** **Porta Capuana** ❺, die als eines der schönsten Stadttore Italiens gilt. Die klassisch-elegante Torverkleidung (Außenseite) zwischen den beiden wuchtigen Wehrtürmen ist ein Werk des *Giuliano da Maiano.*

Nun parallel zur Spaccanapoli über die Via Tribunali zurück, gelangt man zur

*Mit Majoliken geschmückter Kreuzgang von Santa Chiara*

*Grabstätte der Königsfamilie Anjou in Santa Chiara*

*Die Türme der Porta Capuana symbolisieren Ehre und Tugend*

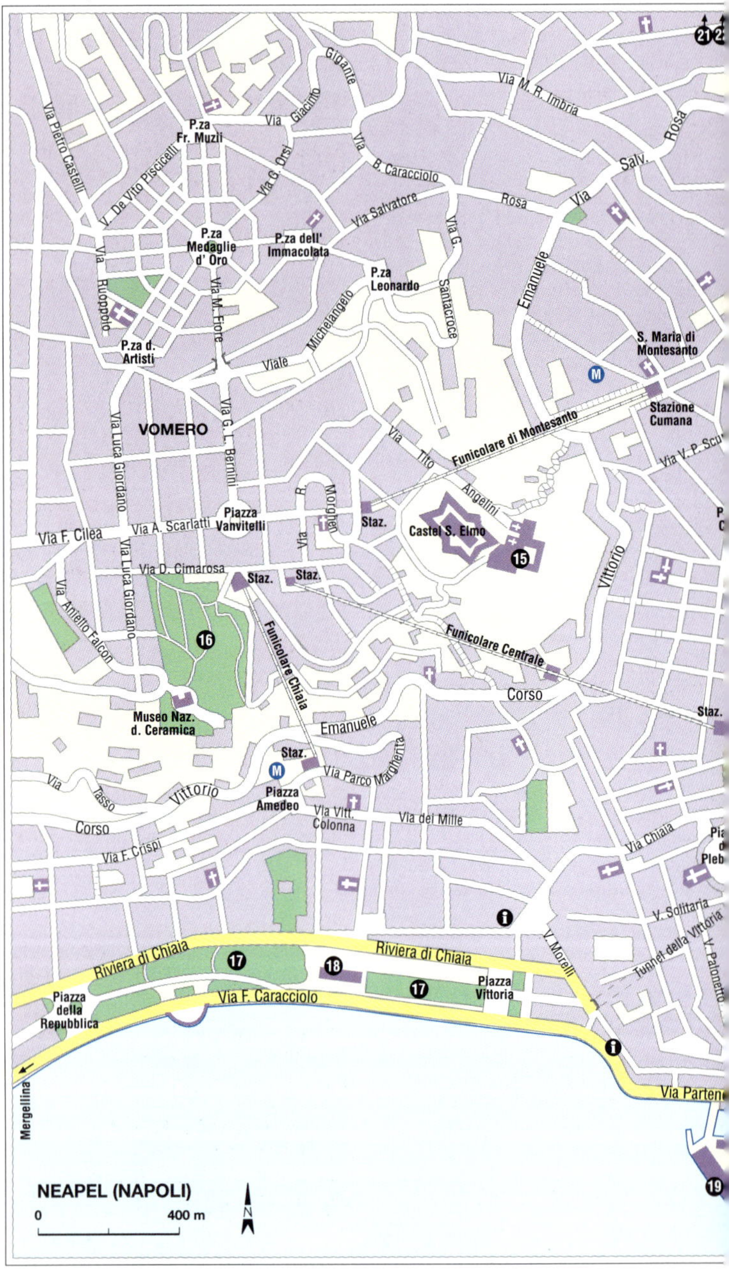

NEAPEL (NAPOLI)
0
400 m
N
VOMERO
P.za Fr. Muzii
P.za Medaglie d' Oro
P.za dell' Immacolata
P.za Leonardo
P.za d. Artisti
Piazza Vanvitelli
Castel S. Elmo
S. Maria di Montesanto
Stazione Cumana
Funicolare di Montesanto
Funicolare Centrale
Funicolare Chiaia
Museo Naz. d. Ceramica
Piazza Amedeo
Piazza della Repubblica
Piazza Vittoria
Riviera di Chiaia
Via F. Caracciolo
Via Partenope
Mergellina
Via Pietro Castelli
V. De Vito Piscicelli
Via Ruoppolo
Via Luca Giordano
Via G. L. Bernini
Via M. Fiore
Via A. Scarlatti
Via F. Cilea
Via D. Cimarosa
Via Aniello Falcone
Via Tasso
Corso Vittorio Emanuele
Via F. Crispi
Via Vitt. Colonna
Via dei Mille
Via Parco Margherita
Via Chiaia
V. Solitaria
Tunnel della Vittoria
V. Palonetto
V. Morelli
Via Giacinto Gigante
Via G. Orsi
Via B. Caracciolo
Via Salvatore Rosa
Via M. R. Imbria
Via G. Santacroce
Viale Michelangelo
Via Tito Angelini
Via R. Morghen
Via V. P. Scura
Staz.
15
16
17
18
19
21

❶ Santa Chiara
❷ Cappella Sansevero
❸ San Gregorio dei Armeni
❹ Monte di Pietà
❺ Porta Capuana
❻ Dom San Gennaro
❼ San Lorenzo Maggiore
❽ Napoli sotterrànea
❾ Piazza Bellini
❿ Sant'Anna dei Lombardi
⓫ Castel Nuovo
⓬ Palazzo Reale
⓭ Teatro San Carlo
⓮ Galleria Umberto
⓯ Certosa di San Martino
⓰ Villa Floridiana
⓱ Villa Comunale
⓲ Meeresbiologisches Institut
⓳ Castel dell'Ovo
⓴ Museo Archeologico Nazionale
㉑ Galleria di Capodimonte
㉒ Catacombe di San Gennaro

nahe gelegenen Via del Duomo mit dem

** **Dom San Gennaro** ❻. Er ist das wichtigste Gotteshaus Neapels, wenn auch nicht das schönste; denn der Dom ist zwar sehr alt, doch wurde er im 19. Jh. nicht gerade zu seinem Vorteil restauriert. In der Mitte des rechten Seitenschiffs liegt die * *Cappella di San Gennaro:* In dieser prachtvoll ausgestatteten Seitenkapelle vollzieht sich alljährlich dreimal das berühmte „Blutwunder", bei dem sich das in zwei kristallenen Phiolen aufbewahrte Blut des hl. Gennaro, des obersten Schutzpatrons Neapels, verflüssigt.

Dem Dom angegliedert ist die älteste Kirche Neapels, die * *Basilika der hl. Restituta* aus dem 14. Jh. Ein Kleinod stellt das dahinterliegende *Baptisterium* dar, ein Kuppelraum mit frühchristlichen Mosaiken und einem großen antiken Taufbecken in der Mitte.

Die *Via dei Tribunali,* die von hier aus zur Piazza Dante führt, ist beinahe noch belebter und volkstümlicher als die Spaccanapoli. Üppige Marktstände machen das Passieren zuweilen selbst für Fußgänger schwierig. Linkerhand liegt

* **San Lorenzo Maggiore** ❼, die schönste gotische Kirche der Stadt: reine provenzalische Gotik in gelbem Tuffstein. Vor allem die polygonale Apsis mit zweistöckigen Spitzbogenfenstern und Arkadengang ist architektonisch höchst eindrucksvoll.

Nur ein kleines Schild über einem Toreingang in der Via dei Tribunali weist darauf hin:

**Napoli sotterrànea** ❽, das unterirdische Neapel. Über eine lange Treppe gelangt man 60 m unter die Erde, wo sich ein riesiges Gelände von ausgehobenen Grotten, Gängen und tiefen Brunnenschächten aus den verschiedensten Epochen eröffnet. Den alten Griechen dienten die unterirdischen Höhlen als Grabstätten, die Römer bauten hier ihren Aquädukt. Während der Kriege bot das Areal Tausenden von Menschen Schutz (🕓 Führungen Sa und So 10 Uhr, Do 21 Uhr).

Die **Piazza Bellini** ❾ lädt dazu ein, auf ihr einen warmen neapolitanischen Sommerabend zu verbringen. Rund um das steinerne Standbild des großen Opernkomponisten sitzen junge Leute im Gespräch; es gibt ein Café, eine Snackbude und eine Buchhandlung, die bis spät in die Nacht zum Schmökern einlädt.

** **Sant'Anna dei Lombardi** ❿ liegt nur einen Katzensprung entfernt von der zentralen Via Toledo. Sie ist als Kirche nicht mehr in Funktion, sondern wird, wegen der Fülle ihrer Renaissance-Kunstwerke, zu Recht wie ein Museum behandelt (🕓 nur 8–12 Uhr). Ein freundlicher Kustode führt die Besucher kostenlos durch die Sammlung. Einen nachhaltigen Eindruck hinterlassen die „Beweinung Christi" mit acht lebensgroßen Terrakotta-Figuren sowie die perspektivischen Holzintarsien in der Sakristei.

Gleich hinter dem Hafen liegt das Viertel, in dem sich in der Vergangenheit die politische Macht Neapels konzentrierte. Von dieser Macht vergangener Zeiten erzählt das weithin sichtbare

** **Castel Nuovo** ⓫, auch „Maschio Angiovino" genannt. Das wuchtige Schloß wurde 1279–1282 von Karl I. von Anjou errichtet und im 14. Jh. von Alfons I. von Aragonien fast vollständig umgebaut. Zu seinen Ehren entstand auch der reliefgeschmückte marmorne * *Triumphbogen* über dem Haupteingang (1443). Der schöne Innenhof zeigt Bauelemente aus den verschiedensten Epochen. Eine Freitreppe führt in die *Sala dei Baroni,* einen höchst eindrucksvollen, fast quadratischen Saal mit einem einzigartigen Sterngewölbe. Gegenüber dem Haupteingang betritt man durch ein weiteres schönes Renaissance-Portal die *Cappella Santa Barbara,* den einzigen aus angevinischer Zeit noch erhaltenen Teil der Burg (13. Jh.).

## Nichts für die Ewigkeit gebaut

Der unsichere, von unzähligen Erdstößen erschütterte Boden, die häufig wechselnden Fremdherrschaften und eine ständig wachsende Bevölkerung haben bewirkt, daß sich Neapel seit Jahrhunderten in einer fortlaufenden Umwälzung befindet. In Neapel ist (im Gegensatz zu Rom) „nichts für die Ewigkeit gebaut". Von den antiken Siedlungen der Griechen und Römer verblieben in der Stadt nur mikroskopische Spuren, der Besucher muß sich schon ins Museum bequemen, um der Antike zu begegnen. Statt dessen sieht er sich zahlreichen Zeugnissen des Barock gegenüber – nicht eines heiteren, luftigen Barock süddeutsch-österreichischer Prägung, sondern eines prunkvollen, düsteren Barock, der jener von Aberglauben und ekstatischem Totenkult durchdrungenen Frömmigkeit der Neapolitaner entspricht.

Die spanischen Vizekönige erbauten sich im 17. Jh. nahebei ein neues, weitläufigeres und bequemeres Schloß, den **Palazzo Reale** ⑫. An der Frontseite (zur Piazza del Plebiscito) erinnern in Nischen aufgestellte Statuen an die wechselnden Herrscher über Neapel zwischen dem 11. und 19. Jh. (insgesamt acht Dynastien). Auf der Rückseite des Innenhofes (von *Domenico Fontana*, 1600) gelangt man in das kolossale, architektonisch sehr reizvolle Treppenhaus, das in die historischen Räume des Schlosses führt. Hier sind vor allem nach Vorlagen von *Le Brun* gefertigte Gobelins sowie eine „Heilige Familie" von *Filippino Lippi* sehenswert (🕓 tgl. außer Mo 9–13.30 Uhr).

*Die »Beweinung Christi« in der Kirche Sant'Anna dei Lombardi*

Dem Palazzo Reale schräg gegenüber liegt das **Cafè Gambrinus**, ein im letzten Jahrhundert von einem Wiener errichtetes Kaffeehaus. In dem schönen überkuppelten Rundsaal kann man sich in ruhiger, luxuriöser Atmosphäre eine von den wienerisch-neapolitanischen Spezialitäten zu Gemüte führen und die von der Besichtigung müden Beine ausruhen.

*Der Dom San Gennaro ist für sein »Blutwunder« berühmt*

An die Nordflanke des Palastes lehnt sich das berühmte

**Teatro San Carlo** ⑬. Es wurde auf Befehl König Karls III. im Jahr 1737 in nur wenigen Monaten erbaut und war in der Folgezeit Mittelpunkt des europäischen Musikgeschehens (Uraufführungen von Bellini, Donizetti, Rossini, Verdi). Noch heute ist es einer der größten und beeindruckendsten Theaterbauten. Wer nicht das Glück hat, eine der hochbegehrten Opern- oder Konzertkarten zu ergattern, kann wenigstens das Haus selbst besichtigen, das auch nach wiederholten Restaurierungen und Umbauten noch den Charme vergangener Zeiten ausstrahlt (🕓 tgl. 9–12 Uhr; So gratis).

Dem Theater gegenüber liegt die **Galleria Umberto ⓮**. Die klassizistische Passage mit ihrem Glasdach (1887) gilt zwar nicht als architektonische Glanzleistung, für die Touristen und Neapolitaner sind die Bars und Boutiquen aber ein beliebter Treffpunkt.

Genau vis-à-vis der Galleria Umberto (Ausgang Via Toledo) liegt die *Stazione Funicolare Centrale,* die Station der Zugseilbahn, die auf den *Vomero* hinaufführt. Die Zugseilbahnen sind ein fester Bestandteil neapolitanischen Lebens, da sich ein guter Teil der neueren Stadt gewissermaßen einen Stock höher ausbreitet.

Vom Endbahnhof der Funicolare Centrale ist es nicht weit zum *Castel Sant'Elmo* und der unmittelbar darunter liegenden ****Certosa di San Martino ⓯**. Das großzügig angelegte Kloster ist längst säkularisiert und beherbergt das *****Museo Nazionale di San Martino,*** das vor allem Zeugnisse zur neapolitanischen Geschichte und Kunst enthält und, als Hauptattraktion, die vielgerühmten Krippen (wegen noch zu behebender Erdbebenschäden größtenteils bis ca. 1997 geschlossen). Die Klosterkirche ist reich an Gemälden der neapolitanischen barocken Schule. Doch schon allein der einmalige Blick von der Gartenterrasse des Klosters über den Golf lohnt einen Besuch der ehemaligen Kartause (🕓 tgl. außer Mo 9–13 Uhr).

Ein Spaziergang westwärts führt zur ***Villa Floridiana ⓰** in dem für seine üppige Vegetation berühmten Park. Heute beherbergt die klassizistische Villa das *Museo Nazionale della Ceramica* mit einer Sammlung erstrangiger Porzellane aus Europa und Ostasien (🕓 tgl. außer Mo 9–14 Uhr).

Die größte Grünanlage der Stadt ist die **Villa Comunale ⓱**, die sich an der Via Caracciolo am Ufer entlangzieht: eine still-beschauliche Parkmeile mit verspielten Brunnenanlagen und steinernen Denkmälern.

Inmitten der Anlage hat das internationale **Meeresbiologische Institut ⓲** seinen Sitz, das 1872 der deutsche Zoologe *Anton Dohrn* aus Stettin erbauen ließ. Weltberühmt wurde es wegen seines einzigartigen **Aquariums:* In 29 Becken tummeln sich über 200 Fischarten, alle aus dem Golf von Neapel. Da einige Spezies im Golf bereits ausgestorben sind, ist es besonders faszinierend, daß man sie hier noch bewundern kann (🕓 9–17 Uhr, So 10–20 Uhr).

Als Dohrn beschloß, die Bibliothek im ersten Stock des Instituts ausmalen zu lassen, fiel seine Wahl ebenfalls auf einen Deutschen, den damals 35jährigen *Hans von Marées.* Sein großflächiger **Freskenzyklus,* den er in einem einzigen Sommer schuf, gilt als eines der wichtigsten Zeugnisse der deutschen Malerei des 19. Jhs. (🕓 zur Besichtigung wende man sich an den Wärter am Eingang des Aquariums; Trinkgeld!).

Neapel besitzt noch ein weiteres Kastell, das zwar baugeschichtlich nicht von Bedeutung ist, aber seiner einzigartigen Lage wegen ins Auge sticht.

Das **Castel dell'Ovo ⓳** liegt auf einem Inselchen vor dem ehemaligen Fischerhafen Santa Lucia: eine trutzige alte Seefestung, die lange Zeit als Gefängnis diente und jetzt zu einem Kongreßzentrum umfunktioniert wurde.

Zugänglich ist die Burg nur, wenn gerade eine Ausstellung darin stattfindet. Ein Spaziergang durch den das Kastell umgebenden *Borgo Marinari* ist aber in jedem Fall empfehlenswert. Hier wetteifern die besten Fischlokale Neapels um die Feinheiten ihrer Kochkunst. Wer sich dem städtischen Treiben für einige Stunden entziehen will, um sich ganz einem der großartigsten Kunstgenüsse hinzugeben, den erwarten zwei Museen von Weltruhm.

Sphärisch anmutende Kuppel über der Cappella di San Gennaro

Das *** **Museo Archeologico Nazionale** ⑳ enthält eine der weltweit wichtigsten Sammlungen antiker Kunst. Drei Komplexe vor allem sind es, die den Besuch dieses Museums zum unvergeßlichen Erlebnis werden lassen.

Im Erdgeschoß wird die sog. *** *Sammlung Farnese* aufbewahrt, ein exzellentes „Kontingent" von antiken Marmorstatuen, darunter so berühmte wie den „Farnesischen Stier" oder der „Herkules Farnese", über die sich schon Goethe seinerzeit begeisterte – und nach ihm noch viele Generationen. Die Statuen stammen ursprünglich aus Rom, bis sie im 18. Jh. durch Erbschaft an das neapolitanische Herrscherhaus der Bourbonen übergingen.

Ruhe und Bewegung: Römische Skulptur im Nationalmuseum

Im ersten Obergeschoß sind die *Wandmalereien aus den verschütteten Vesuvstädten* ausgestellt. Wer vorher Pompeji oder Herkulaneum besucht hat, kann hier seinen Ausflug in die antike Welt vertiefen. Im Museum lassen sich in aller Ruhe die vier „pompejischen Stile" studieren, die den Entwicklungsgang zu einer beeindruckenden malerischen Raffinesse erkennen lassen.

Die Galleria Umberto als idealer Ort für ein Hochzeitsfoto

Ähnliches bietet sich dem Besucher bei der Besichtigung der *Mosaiken* im Zwischengeschoß (Mezzato). Das berühmteste ist die „Alexanderschlacht" aus dem Haus des Fauns in Pompeji, ein buntes, detailreiches Bild voller Bewegung, aus winzigen Steinchen zusammengesetzt. Aus der Vielzahl weiterer Höhepunkte antiker Kunst sind eine Reihe von wundervollen Mosaik-Stillleben und Tierdarstellungen, z. B. der „Hahnenkampf", allegorische und Theaterszenen sowie schöne mosaizierte Säulen hervorzuheben (🕓 Di–Sa 9 bis 14 Uhr, So 9–13 Uhr).

Das zweite große Museum von Weltruhm ist die ** **Galleria di Capodimonte ㉑**. Die Sammlung ist in dem von einem großen Park umgebenen *Palazzo Reale di Capodimonte* untergebracht, mit dessen Bau Karl III. von Bourbon im 18. Jh. begann – die Vollendung ließ jedoch noch hundert Jahre auf sich warten.

In den Sälen des weitläufigen Schlosses hängen erlesene Gemälde der Malergrößen *Raffael, Tizian, Caravaggio, Cranach, Brueghel, Holbein* und viele andere. Außerdem besitzt das Museum eine kostbare Porzellansammlung und ein berühmtes mit Porzellan ausgekleidetes Kabinett.

Zur Zeit (1995) werden die Exponate neu geordnet, und das Museum ist bis auf weiteres geschlossen. Doch die Fahrt hinauf nach Capodimonte lohnt sich auch wegen der nahe gelegenen

** **Catacombe di San Gennaro ㉒**. Die Katakomben entstanden im 2. Jh. als Grabstätte der ersten Christen Neapels, die, wie in der Antike üblich, ihre Toten außerhalb der Stadt beisetzten. Die sehr eindrucksvollen unterirdischen Gewölbe enthalten eine Reihe spätantiker und frühchristlicher Freskenfragmente (2.–5. Jh.).

## Praktische Hinweise

Vorwahl Neapel: 081. PLZ 80100

ℹ Azienda Autonoma, im Palazzo Reale, Piazza Plebiscito, ☎ 418744; Ente Provinciale per il Turismo (EPT), Piazza dei Martiri 58, ☎ 505311; Stazione Centrale (Hauptbahnhof), ☎ 268779; Stazione (Touristenhafen) Mergellina, ☎ 7612102; Piazza del Gesù (Altstadt), ☎ 5523328; ☎ 660816. Ente Nazionale per il Turismo (ENIT), Flughafen Capodichino, ☎ 7803050.

✈ Internationaler Flughafen Capodichino, 7 km vom Stadtzentrum.

🚆 Circumvesuviana (Stazione Centrale) über Herkulaneum, Pompeji nach Sorrent.

Ⓜ nach Pozzuoli.

🚢 **Nahverkehr zu den Inseln:** Vom Molo Beverello aus Tragflügelboote (Aliscafi) und Autofähren nach Ischia, Procida, Capri (keine Autos während der Saison), Ponza. Tragflügelboote nach Sorrent. Vom Hafen Mergellina aus Tragflügelboote (nur Personenverkehr) nach Ischia, Procida, Capri. In der Hauptsaison auch Verbindungen zu den Liparischen Inseln und nach Roma Fiumicino.

**Fernverkehr:** Vom Molo Angioino (Stazione Marittima) aus Autofähren nach Reggio Calabria, Catania, Palermo, Cagliari, Tunis, Malta. Keine Verbindung nach Genua.

**Und noch ein paar Tips:** Wer es vorzieht, vom Bahnhof aus direkt ins Tragflügelboot zu einer der Inseln umzusteigen, sollte am Bahnhof Mergellina aussteigen; von hier aus sind es nur 200 m bis zur Schnellbootstation. Wer auf die Inseln übersetzen will und das Auto auf dem Festland lassen möchte oder muß (Capri!), ist gut beraten, es in Sorrent abzustellen und von dort aus die Fähre nehmen: Hier bietet sich leichter eine Parkmöglichkeit, auch ist die Diebstahlgefahr entschieden geringer!

Opern- und Theaterkarten besorgt am besten die Hoteldirektion (auch von außerhalb).

### Ⓗ Hotels

**Jolly Ambassador**, Via Medina 70, ☎ 416000, 📠 5518010. In den obersten Stockwerken eines Hochhauses, höchster Komfort. Herrlicher Blick über den Golf. $$$

**Britannique**, Corso Vittorio Emanuele 133, ☎ 7614145, 📠 722281. Im neoklassizistischen Stil der Jahrhundertwende eingerichtet, hoher Komfort. $$

**Parker's**, Corso V. Emanuele 135,

☎ 7612474, ℻ 663527. Charme der Jahrhundertwende; ähnlich dem benachbarten Britannique. $$
**Pinto Storey**, Via G. Martucci 71, ☎ 667536, ℻ 667536. Komfortables Mittelklasse-Hotel, Aufenthaltsräume im Jugendstil. Zimmer teilweise mit Meeresblick. Unbedingt vorbestellen! $
**Canada**, Via Mergellina 43, ☎ 682018. Klein, nüchtern, komfortabel; günstig in der Nähe des Tragflügelboothafens gelegen. $
**Albergo Bellini**, Via S. Paolo 44, ☎ 456996. Kleines Hotel inmitten der Altstadt, saubere Zimmer mit Bad, freundlicher Besitzer, sehr familiär. Etwas Italienischkenntnisse sind erforderlich. $

*Fußbodenmosaik aus Pompeji im Nationalmuseum: Hahnenkampf*

## Restaurants

**San Carlo**, Via Cesario Console 18, ☎ 7649757. So Ruhetag. Beliebtes Haus am gleichnamigen Theater, bezauberndes Ambiente mit antiken Möbeln. $$$
**La Sacristia**, Via Orazio 116, ☎ 664186. Nahe dem Flügelboothafen Mergellina. Eine der kulinarischen Spitzenadressen Italiens. $$$
**Ciro a Santa Brigida**, Via S. Brigida 71, ☎ 5524072. Von Journalisten und Künstlern frequentiertes Lokal bei der Galleria Umberto. $$
**Zi'Teresa**, Borgo Marinari 1, ☎ 7642565. Traditionsreiches Fischlokal in malerischer Hafenatmosphäre von Santa Lucia, ideal für ein Sommerdiner im Freien. $$
**Vini e Cucina**, Corso V. Emanuele 762, ☎ 660302. Gut und billig! $

*Eine gute Adresse für Fisch-Gourmets: Borgo Marinari*

## Veranstaltungen

Karnevalsbeginn am 17. Januar vor der Kirche San Antonio Abbate.
Blutwunder von San Gennaro im Dom am 1. Maisonntag (s. S.16).
Fest der Madonna del Carmine am 15./16. Juli (s. S.16).
Fest der Madonna della Piedigrotta

*Einzigartig: die berühmten neapolitanischen Krippenfiguren*

von 7. bis 9. September (s. S. 16).
Schlagerfestival ab 19. September.
Zweites Blutwunder im Dom am 19. September.
Jeden Sonntagvormittag Flohmarkt in der Via Foria (nahe Museo Archeologico).
Drittes Blutwunder im Dom am 16. Dezember.

### Einkaufen

Die Innenstadt von Neapel ist ein verlockendes Einkaufsparadies. Das gilt sowohl für das vielfältige Sortiment als auch für die Preise. Und in kleineren Läden oder auf den Märkten gehört Handeln noch zum Geschäft. Ein originelles Mitbringsel aus Neapel sind die *Krippenfiguren*. Es gibt diese unglaublich lebendigen, ausdrucksvollen Gipsfigürchen in verschiedenen Größen. Die vielseitigste Auswahl findet man in der Via San Gregorio Armeno.
An der Porta Alba wird täglich ein *Büchermarkt* veranstaltet. Hier kann man vom Reiseführer über Kunstbände oder Krimis bis zu den Klassikern nahezu alles aufstöbern und für wenig Geld erwerben – und zwar nicht nur italienische Ausgaben, sondern auch Lesestoff in anderen Sprachen.
In der Via Toledo hat sich eine Reihe von *Lederwarengeschäften* angesiedelt. Zu günstigen Preisen kann man hier Koffer, Taschen in allen Größen und Formen, Gürtel, Handschuhe und vieles andere mehr erstehen.
Die elegantesten *Mode-* und *Schuhgeschäfte* konzentrieren sich in der Via Chiara.

## Posillipo

Will man die brodelnde Metropole einmal in Ruhe und mit dem nötigen Abstand von oben betrachten und zudem ein Bilderbuchpanorama genießen, dann ist der Posillipo der geeignetste Ort. Man verläßt die Stadt in Richtung Westen (vom Schnellboothafen Mergellina aus) und fährt auf kurvenreicher Straße das hügelige Gelände zu dem berühmten Aussichtspunkt hinauf.

Von hier aus bietet sich der auf unzähligen Bildern und Postkarten verewigte klassische Blick über Neapel, die sanft geschwungene Bucht mit dem dahinter aufragenden Vesuv.

Als Zugabe eröffnet sich dann von der anderen Seite des Posillipo-Hügels eine herrliche Aussicht über den kleinen Golf von Pozzuoli und die beiden Inseln Procida und Ischia. Direkt der Küste vorgelagert erkennt man die kleine Isola di Nisida, die jahrhundertelang als Strafinsel diente.

## Ausflug nach ** Caserta

Neapels großer Bauherr Karl III. von Bourbon ließ sich hier in *Caserta* (66 000 Einw.) ein monumentales Schloß errichten, den

** **Palazzo Reale**. Es sollte noch größer und schöner werden als das Versailles seines Urgroßvaters Ludwig XIV. Also beauftragte er damit den renommiertesten Baumeister seiner Zeit, *Luigi Vanvitelli* – doch vor der Vollendung gingen Karl III. die Finanzmittel aus.

Berühmt ist die grandiose ** *Freitreppe*, die vom Vestibül in den ersten Stock hinaufführt. Der * *Schloßpark* mit seinen Kaskaden, Fontänen und Statuengruppen lädt zu einem beschaulichen Spaziergang ein (🕓 tgl. außer Mo 9–13.30 Uhr).

ℹ im Palazzo Reale.

Etwa 10 km nordöstlich von Caserta liegt **Caserta Vecchia**, ein typisches, sehr malerisches Bergstädtchen mit Gäßchen, Gärtchen, Innenhöfen, einem Kastell und einem sehenswerten mittelalterlichen Dom.

*Über dem Vomero thront Castel Sant' Elmo, heute Kongreß- und Ausstellungszentrum*

P
uscita
varco Angioino
biglietteria
uffici

# ** Capri

Seite 41

## Die betörende Insel

**Wenn Capri in Sicht kommt, strömen die meisten Passagiere bugwärts, und es wird stiller auf dem Schiff. Alles starrt gespannt auf den näherrückenden massiven und doch so eleganten Felsbrocken, der da aus dem Meer ragt, blauweiß in der Mittagssonne oder fliederfarben im Abendlicht.**

Capri ist im Gegensatz zu Ischia und Procida nicht vulkanischen Ursprungs, sondern geologisch gesehen ein Splitter der sorrentinischen Halbinsel. Der Charakter Capris ist daher ganz anders als der der übrigen parthenopeischen Inseln: ein massiver Gesteinsblock mit ringsum schroff ins Meer abstürzenden, leuchtend weißen Kalkfelsen. Nur an zwei Stellen senkt sich die grünüberwachsene Kuppe zum Meer hinab und gibt einer natürlichen Hafenanlage und kurzen Stränden Raum.

Daher existiert auf der Insel auch kaum ein Punkt, von dem aus man das Meer nicht sieht. Doch Capri ist klein: nur 6 km lang und 3 km breit, mit einem Umfang von 17 km. Die etwa 13 000 Einwohner, die samt und sonders vom Tourismus leben, sind auf die zwei Orte Capri und Anacapri verteilt, und sie leben seit jeher in trauter Feindschaft nebeneinander.

## Geschichte

Kein Wunder, daß die Schönheit Capris bereits den antiken Römern auffiel. Als Kaiser Augustus die Insel 29 v. Chr. entdeckte, begeisterte sie ihn so sehr, daß er sie gegen Ischia eintauschte. Sein Adoptivsohn und Nachfolger Tiberius, ein eher düsterer und menschenscheuer Herrscher, zog sich schließlich ganz auf Capri zurück und

### Empfang in drei Akten

**Marina Grande**, der Hafen, empfängt den Reisenden mit freundlicher Lebhaftigkeit. Doch instinktiv hält er sofort Ausschau nach dem Weg, der ihn ans eigentliche Ziel bringt. Denn er spürt: Diese pastellfarbene Häuserzeile sieht zwar sehr hübsch aus, doch hier unten ist noch nicht das wahre Capri.

Zum Weiterkommen – und das bedeutet in jedem Fall: aufwärts – bieten sich mehrere Möglichkeiten. Die einfachste und billigste ist die Zugseilbahn *(Funicolare)* gleich gegenüber dem Kai. Man kann aber auch eines der Oldtimer-Taxis nehmen und die lange Serpentinenstraße hinauffahren, was zwar entschieden mehr kostet, aber prompt das Gefühl vermittelt, Mitwirkender in einem Film über die 50er Jahre zu sein. Ist man gut zu Fuß und das Gepäck nicht zu schwer, kann man auch die *Strada di San Francesco* einschlagen, einen steilen Treppenweg, der sich durch Zitronengärtchen hinaufwindet – im Rücken das weite Meer.

Alle Wege aber münden schließlich auf der ***Piazzetta**. Hier ist man direkt im Herzen Capris gelandet; dörfliche Schlichtheit vermischt sich mit höchster Eleganz, nein, Extravaganz. Eine geschlossene Architektur von kleinen, sauberen Häusern mit Torbogen, Gäßchen, einem Glockenturm und einer flach überkuppelten, maurisch anmutenden Kirche, dazu ein Café neben dem anderen und ein lebhaftes Flanieren. An der Piazzetta endet jeglicher Fahrverkehr. Das Gepäck wird von Elektrokarren zum jeweiligen Hotel transportiert, und unbeschwert macht man sich auf den Weg durch die Gassen und Gärten, das Meer immer im Blick.

regierte von hier aus das Weltreich. Doch in den nachfolgenden Jahrhunderten versank die Insel in einen Dornröschenschlaf: Das nun armselige Eiland bewohnten notleidende Bauern, die ihre Äckerchen bestellten und Regenwasser sammelten – Capri selbst besitzt keine Quellen, heute wird das lebensnotwendige Wasser durch eine Pipeline vom Festland geliefert. Nur Seeräuber statteten der Insel manchmal einen „Besuch" ab.

Die geschlossene Architektur der *Piazzetta,* die heute so sehr besticht, hatte einst einen strategischen Zweck: Sie diente als eine kleine Bastion, die nur durch Torbogen zu erreichenden Gassen ließen sich hermetisch abriegeln.

Die Wende in Capris Geschichte setzte erst wieder Ende des 19. Jhs. ein, als ein paar südensehnsüchtige Nordländer das Inselparadies für sich entdeckten. Zu den ersten prominenten Besuchern gehörte der Dichter August von Platen, es folgten Maler und Dichter des Münchner Salons, darunter Paul Heyse und Karl Wilhelm Diefenbach. *Friedrich Krupp* erstand auf Capri eine Villa, ebenso *Maxim Gorki,* der mehrfach Besuch von seinem Freund Lenin erhielt. Der berühmteste und verdienstvollste Wahl-Caprese aber war der schwedische Arzt *Axel Munthe,* dessen herrliche Villa in Anacapri ein Mekka aller romantischen Inselbesucher ist.

*Wahrzeichen Capris: Die aus dem Meer ragenden Faraglioni*

Seite 41

*Eine vielversprechende Ankunft: am Hafen von Marina Grande*

## Spaziergänge und Sehenswürdigkeiten

Selbst die größten Bewegungsmuffel bekommen auf Capri leichte Füße. Einige Fleckchen auf der Insel besitzen eine beinahe magnetische Kraft, die den Besucher gewissermaßen von selbst anzieht. Ein solcher Ort sind die

* **Gärten des Augustus** (Giardini di Augusto), eine kleine botanische Anlage

*Dicht an dicht schmiegen sich die Häuser Capris an die Felsen*

Seite 41

## Krupp auf Capri

*Friedrich Alfred Krupp* (1854 – 1902), Enkel des Gründers der damals schon weltgrößten Gußstahlfabrik, war einer der berühmtesten und zugleich berüchtigtsten Wahl-Capresen. Die Liebe zu dieser Insel und sein Hobby, die Tiefseeforschung, hatten ihn hierhergeführt. In den Skandalgeschichten der damaligen Presse war auch zu lesen, er habe sich nach Capri zurückgezogen, um seiner homosexuellen Neigung nachgehen zu können – in der deutschen Heimat seinerzeit ein strafbares Vergehen.

In Italien war man da großzügiger, hier gab es keinen entsprechenden Gesetzesparagraphen; derartige „Verurteilungen" überließ man hier der Kirche. Allerdings scheint Krupp die Freizügigkeit des Gastlandes weidlich ausgenutzt zu haben – so sehr, daß selbst die italienischen Behörden schockiert waren und den Titelhelden der Skandalpresse auswiesen.

Die Geschichte endete tragisch: Bereits eine Woche nach seiner Rückkehr nach Deutschland erlag der erst 48jährige einem „Gehirnschlag". Auf der Insel Capri hinterließ er den berühmten, in den Felsen geschlagenen Höhenweg, den er sich als privaten Zugang zur Fra-Felice-Höhle hatte anlegen lassen.

mit Aussichtsterrassen, die einen atemberaubenden Blick über die Südseite der Insel freigeben. Links in diesem Panorama ragen die weltberühmten

* **Faraglioni** aus dem Wasser empor, drei mächtige Felsnadeln, die zum Wahrzeichen Capris geworden sind. Eine ansonsten nirgendwo anzutreffende blaue Eidechsenart hat sich diese steinernen Türme als Heimat gewählt.

Im Vordergrund sieht man die flach überkuppelten Dächer der * **Certosa di San Giacomo** (9–14 Uhr), die schon durch ihre großzügige Anlage beeindruckt. Die ältesten Teile dieses ehemaligen Kartäuserklosters gehen auf das Jahr 1371 zurück. Sehenswert sind die kleine gotische, barock ausgemalte Kirche und die beiden Kreuzgänge, hinter deren Flanken die einstigen Mönchszellen liegen. In einem der Klosterflügel ist eine Bildergalerie eingerichtet, in der einige der auf Capri entstandenen Werke des deutschen Malers *Karl Wilhelm Diefenbach* ausgestellt sind.

Rechts unterhalb der Aussichtsterrasse sieht man die felsigen Buchten Capris. In der Tiefe windet sich in spektakulär steilen Haarnadelkurven die *Via Krupp* den Felsenhang hinunter. Leider ist sie wegen Steinschlaggefahr vorläufig noch gesperrt.

Die Via Krupp endet in **Marina Piccola,** dem kleinen mondänen Badeort der Insel, einer kleinen, kiesigen Bucht mit Restaurants, einer Badeanstalt und einem Schwimmbad, malerischen Riffen und dem türkisfarbenen Meer. Solange die Via Krupp gesperrt ist, erreicht man Marina Piccola über die normale Straße von der Via Roma aus (nahe der Piazzetta, auch Linienbus).

Ausgedehnter ist der zwischen Villen und Gärten verlaufende Spaziergang (von der Piazzetta aus) zur

* **Villa Jovis**, dem antiken Kaiserpalast des Tiberius, von dem heute allerdings nicht mehr viel zu sehen ist. Es bedarf einiger Phantasie, um, über Treppen wandernd, in den Mauerresten die diversen Vestibüle, Bäder, Kaiserloggien und Sklavenunterkünfte zu erkennen. Über den wenigstens z. T. konservierten Mosaikfußboden gelangt man in das ehemalige Innere der Villa. Ihre Wohn- und Repräsentationsräume waren um ein Atrium mit vier großen Regenzisternen angelegt – die einzige Süßwasserquelle für den Kaiser und seine zahlreiche Gefolgschaft.

Seite 41

Das Ausgrabungsgelände erstreckt sich über eine stufenweise angelegte Fläche von 7000 m². An deren höchstem Punkt befindet sich der berüchtigte *Salto di Tiberio,* von dem der Kaiser angeblich mißliebige Gäste, Frevler und unfolgsame Sklaven in das 300 m tiefe Meer hinunterstürzen ließ. Heute kann man den Felsen unbesorgt als Aussichtspunkt nutzen: Der Blick auf die sorrentinische Halbinsel ist allerdings umwerfend.

*In schwindelerregende Tiefe: auf den Serpentinen der Via Krupp*

Der wohl landschaftlich schönste Spaziergang führt zur * **Punta Tragara** und zum **Arco Naturale.** Man startet auf der Piazzetta und wandert (am traditionsreichen Nobelhotel Quisisana nach links) durch die Via Tragara. Am Ende dieses hübschen Spazierweges lädt eine Aussichtsterrasse vor den * *Faraglioni* zu einer ersten kurzen Atempause ein. Der Weg biegt nun links ab und gabelt sich wenig später: Ein schmaler Steig führt hinunter zum *Porto di Tragara,* einem winzigen Hafen im Schatten der imposanten, aus dem Meer ragenden Felsnadeln. Die römischen Kaiser ließen an diesem versteckten, geschützen Ort ihre Flotte ankern. Heute legen hier höchstens ein paar Jachten und Touristenboote an.

*Pompejanisch-rot erstrahlt eine der typischen Villen auf Capri*

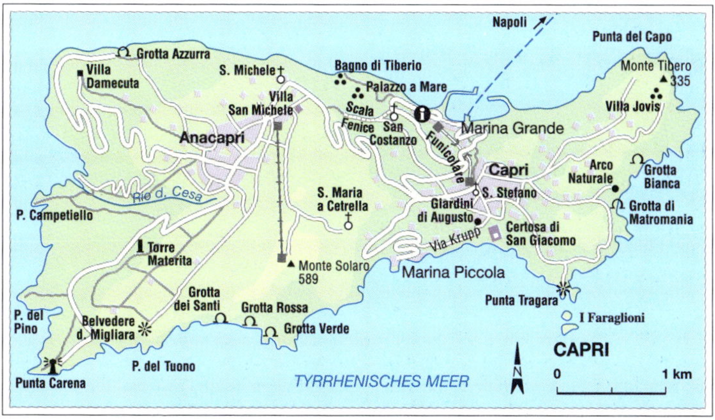

Seite 41

Von der *Punta Tragara* wandert man nun treppauf und treppab, an verträumten Ferienvillen vorbei und schließlich nur noch durch Ginster und Macchia, stets das einmalige Panorama der Felsküste und der sorrentinischen Halbinsel vor Augen. Unterhalb leuchtet in brandroter Farbe die Villa des italienischen Schriftstellers *Curzio Malaparte* – eigenwillig und provokant in der Form, die einem Schiffsrumpf nachempfunden ist.

Nach etwa 20 Minuten erreicht man nun die * *Grotta di Matromania,* eine Felsenhöhle, die bereits in römischer Zeit zu einem Nymphäum ausgebaut war. Der Anstieg über eine lange Treppe führt dann hinauf zum * *Arco Naturale,* einem natürlichen Felsentor, das sich hoch über den Fluten erhebt. Von hier folgt man weiter dem Weg ins Inselinnere zur Via Matromania und dort nach links in den Ort Capri zurück.

* **Anacapri** (wörtlich: „Ober-Capri") ist eine Welt für sich. Man erreicht den Ort mit dem Linienbus, der unweit der Piazzetta auf der Via Roma startet. Mittels einer schwindelerregenden Schwebebrücke meistern die kleinen vollgestopften Busse die einzige Felsenklippe, die nach Anacapri führt. Angesichts der schier unüberwindlichen Klippen beginnt man zu verstehen, weshalb die Bewohner Capris und Anacapris einander immer fremd und spinnefeind waren. Beide Orte verband bis zum Jahr 1878 nur die angeblich noch aus Phönizierzeiten (etwa 1000 v. Chr.) stammende Treppe *Scala Fenicia*. Diese ist theoretisch heute noch begehbar (etwa 800 Stufen), doch gereicht sie stellenweise zur Zitterpartie und ist als Fußweg kaum zu empfehlen.

Anacapri wirkt als Ort weniger kompakt als Capri; die Häuser liegen verstreut im Grünen. Zentrum ist die *Piazza Vittoria,* auf der die Straße von Capri mündet.

Scharf links biegt ein bequemer Spazierweg ab zum beliebtesten Besichtigungsziel, der ***Villa San Michele**. Der schwedische Arzt und Schriftsteller *Axel Munthe* (1857–1949) hatte sich um die Jahrhundertwende hier zunächst ein schlichtes Bauernhaus gekauft, das er dann selbst mit Hilfe der capresischen Bauern zur neoklassizistisch-eleganten Villa umbaute. Ein Teil der Villa fungiert heute als Museum für seine Sammlung alter Möbel und archäologischer Fundstücke. Die größte Attraktion darunter ist eine in Kalabrien ausgegrabene *Sphinx* (1300 v. Chr.). Axel Munthe hatte gewissermaßen ein persönliches Verhältnis zu ihr, denn er behauptet in seinen Memoiren („Das Buch von San Michele"), ihr Fundort sei ihm im Traum erschienen. Sie steht am schönsten Aussichtspunkt seines Gartens (🕓 Sommer 10–18 Uhr, Winter 10–15 Uhr).

Ein Kleinod bewahrt das barocke Kirchlein * **San Michele**. Ihr Äußeres ist schlicht, ihr achteckiger Innenraum aber birgt einen prachtvollen Majolika-Fußboden, der die Vertreibung von Adam und Eva aus dem Paradies farbenprächtig vor Augen führt ( *Leonardo Chiaiese,* 1761).

Nur von Anacapri aus hat man Zugang zur höchsten Erhebung der Insel, dem **Monte Solaro** (589 m). Man erreicht den Gipfel entweder mit dem Sessellift (von der Piazza Vittoria aus) oder zu Fuß (Abzweigung von der Via San Michele, 1 Std.). Der Blick von oben über die Insel und den Golf lohnt Aufstieg und Auffahrt gleichermaßen.

**Santa Maria a Cetrella,** eine Kirche aus dem 13. Jh. mit einer kleinen Einsiedelei, liegt etwa 120 m unter dem Gipfel des Monte Solaro. Man kann sie über einen Abstecher vom Bergweg in 20 Minuten erreichen.

Besucher, die länger auf der Insel verweilen, finden auf Capri noch eine Fülle weiterer schöner Spaziergänge, so etwa zur Ruine der antiken *Villa Damecuta* oder zur **Torre Materita**, einem von Axel Munthe ausgebauten mittelalterlichen Turm, in dem der schwedische Arzt seine Memoiren schrieb.

Seite 41

Eine der Hauptattraktionen der Insel, die man sich nicht entgehen lassen sollte, ist die ***Villa Damecuta.** Über die Via Pagliaro verläßt man Anacapri und erreicht nach etwa 3 km Wegstrekke durch Weingärten und Olivenhaine die Ruinen der einstigen Tiberius-Villa. Sie war früher vermutlich ähnlich prächtig wie die Villa Jovis auf der anderen Seite der Insel. Doch dem Aschenregen, der dem Vesuvausbruch im Jahr 79 n. Chr. folgte, hielt sie nicht stand. Eine lange Loggia läßt noch die ursprünglichen Ausmaße der Villa erahnen. Mehr Eindruck aber macht heute vielleicht die *Torre Damecuta,* ein mittelalterlicher Wehrturm, der die Ausgrabungsstätte überblickt.

*Der Arco Naturale ist nur eines der vielen Naturwunder Capris*

****Blaue Grotte** (Grotta Azzurra). In Marina Grande liegen stets Boote bereit, um die Besucher zur Nordwestspitze der Insel zu fahren, denn hier ist dieses weltberühmte „blaue Wunder“ verborgen. Die Besichtigung hat freilich ein paar Haken: Sie ist nur bei ruhiger See möglich, da die Boote sonst den niedrigen Eingang nicht passieren können: und es sollte die Sonne scheinen, denn nur dann entfaltet sich die wahre Bläue. Beides, ruhige See und Sonne, sind im Hochsommer zwar fast immer vorhanden, doch dann ist auch der Andrang sehr groß, so daß man Gefahr läuft, keinen Platz im Boot zu bekommen.

*Axel Munthes Villa San Michele in Anacapri bewahrt Kuriosa …*

Eine Alternative bietet sich in diesem Falle mit der ***Rundfahrt um die Insel**, bei der die Blaue Grotte auch angefahren wird. Eine solche Inselumrundung (Dauer ca. 2 Std.) ist unbedingt empfehlenswert, denn dabei bekommt man neben der abwechslungsreichen Küstenformation auch einige der über sechzig Grotten Capris zu sehen. Die Motorboote starten in Marina Grande und steuern als erstes Ziel die Grotta Azzurra an. Anschließend geht es an der Westküste entlang und um die *Punta Carena* mit ihrem charakteristischen Leuchtturm herum zur reizvollen Süd-

*… und Kunstwerke in prachtvollem Ambiente oder grünem Park*

küste. Hier nun darf der Fahrgast einen Blick in die *Grotta dei Santi* (Grotte der Heiligen) werfen und gleich darauf die *Grotta Rossa* bestaunen, die ihren Namen der rötlich gefärbten Vegetation in ihrem Inneren verdankt. Die *Grotta Verde* ist dagegen nach ihrem smaragdfarben schimmernden Wasser benannt. Nachdem das Boot die imposanten Felsenriffe der *Faraglioni* umschifft hat, wendet es sich der Ostküste zu. Es passiert den kleinen Hafen von *Tragara*, die *Grotta Matromania* und die *Grotta Bianca*, umschifft den senkrecht aufragenden Fels unter der Villa Jovis und gelangt so zur *Punta del Capo*, der nördlichsten Spitze der Insel. Nun ist der Hafen von Marina Grande schon wieder in Sicht, und so manchem scheint das Vergnügen dieser Rundfahrt viel zu kurz.

Seite 41

## Praktische Hinweise

☏ Vorwahl 081. PLZ 80073.

ℹ Azienda Autonoma Marina Grande, an der Hafenmole, ☏ 8370634; Azienda Autonoma in der Torre dell'Orologio auf der Piazzetta, ☏ 8370686; Azienda Autonoma, Via Orlandi 19, ☏ 8371524.

Fähren und Tragflügelboote von Neapel und Sorrent. Ausflugsboote nach Ischia (nur in der Saison).

### Hotels

Capri ist mit Hotels übersät, doch haben nur wenige ganzjährig geöffnet. In einigen Häusern gibt es in der Saison nur Halb- oder Vollpension.

**La Scalinatella**, Via Tragara 10, ☏ 8370633, FAX 8378291. Ostern bis Mitte Okt. Ein ruhiges Haus, mit Meeresblick, höchstem Komfort und erstklassigem deutschem Frühstück; für Verwöhnte. $$$

**La Paziella**, Via Fuorlovado 36, ☏ 8370044, FAX 8370085. Ganzjährig. Erlesenes kleines Hotel im Zentrum, mit Majolikaböden und antiquarischen Intarsienmöbeln. $$$

**Villa Brunella**, Via Tragara 24, ☏ 8370122, FAX 8370430. Ostern bis Okt. Mit vielen blühenden Terrassen, herrlichem Blick und ausgezeichneter Küche. $$

**Villa Krupp**, Via Matteotti 12, ☏ 8370362, FAX 8376489. Ganzjährig.

### Wer entdeckte die Blaue Grotte?

Am 17. August 1826 entdeckte der deutsche Dichter *August Kopisch* auf einer Bootsfahrt, die er gemeinsam mit seinem Freund Fries, seinem Hotelier und einem capresischen Fischer namens Angelo Ferraro unternahm, ein niedriges Felsenloch direkt über dem Meeresspiegel. Neugierig geworden, entledigte sich Kopisch seiner Kleider und schwamm durch das Loch hindurch. Zu seinem Erstaunen befand er sich in einer ausgedehnten Höhle, die von einem nie gesehenen silberblauen Licht erfüllt war. Stolz vermerkte er bei der Rückkehr seine Entdeckung im Gästebuch seines Hotels. Doch wurde sie ihm alsbald streitig gemacht; denn jener Fischer, der bei der Ausflugsfahrt das Boot gesteuert hatte, behauptete nun, bereits vier Jahre zuvor in die Grotte hineingeschwommen zu sein.

Bei der genaueren Erfoschung fand man Mauerreste, offensichtlich von einem antiken Heiligtum – die Grotte war also bereits den Römern bekannt, doch die Inselbewohner scheinen sie als unheiligen Ort gemieden zu haben.

Wie dem auch sei – durch Kopischs Entdeckung wurde nicht nur die Grotte, sondern die ganze Insel weltberühmt, ein immer mehr anschwellender Besucherstrom setzte ein, die Capresen wurden reich; seine Entdeckungstat wollen sie Kopisch nun nicht mehr streitig machen.

Um 1900 erbaute Villa; Maxim Gorki und Lenin wohnten hier. ($)

**Villa Patrizia**, Anacapri, Via Pagliaro 55, ☏ 8371438. Ostern bis Okt. Geräumiges Haus im Inselstil um einen Innengarten, helle Zimmer. ($)

**Casa Caprile**, Anacapri, Via Follicara, ☏ 8371305. Schönes kleines Haus, das früher der schwedischen Königin gehörte. Sehr familiär. ($)

## Restaurants

**La Capannina,** Via delle Botteghe 12, ☏ 8370732. Ostern bis Okt. Renommiertes Fischlokal. ($$)

**I Faraglioni,** Via Camerelle 75, ☏ 837020. Stark frequentiertes Feinschmeckerlokal im Zentrum. ($$)

**Paolino**, Via Palazzo a Mare 11, ☏ 8376102. Sehr gemütlich, man sitzt unter der Zitronenpergola. ($$)

**La Piazzetta**, Via Marina Piccola 126, ☏ 8377827. Der Blick auf die Faraglioni bezaubert. ($$)

**Al Grottino**, Via Longano 27, ☏ 8370584. Sehr familiäres kleines Lokal unweit der Piazzetta. ($$)

**Il Solitario**, Anacapri, Via G. Orlandi 54, ☏ 8371382. Gute neapolitanische Küche, preisgünstig. ($)

## Veranstaltungen

14. Mai: Festa di San Costanzo
13. Juni: Festa di Sant'Antonio in Anacapri
15. August: Wallfahrt zur Kirche Santa Maria a Cetrella in Anacapri
1. Sonntag im September: Festa di Santa Maria del Soccorso in Capri mit Jahrmarkt, Volkstanzdarbietungen und kirchlichen Veranstaltungen.
2. Sonntag im September: Festa della Madonna della Libertà in Capri im Ortsteil Moneta.

## Einkaufen

Auf Capri wird ein berühmtes Parfüm hergestellt. Ingredenzien sind verschiedene Pflanzenessenzen. Die Duftküche mit Verkaufsladen liegt bei der Certosa di San Giacomo.

*Mußestunde bei einem kühlenden Getränk im Straßencafé*

Seite 41

*Doppelter Überblick: Capri als geflieste Landkarte und das Panorama aus Insel und weitem Meer von der Piazzetta*

# ** Ischia

## Die heilsame Insel

Seite 47

**Während das Fährschiff in den kleinen kreisrunden Hafenbauch von Ischia Porto einfährt, wird sofort klar: Hier gibt es was zu erleben, diese Insel hat es in sich – so friedlich sie sich auf den ersten Blick auch geben mag. Leuchtend weiß oder zart pastellfarben liegen die niederen Häuser im gleißenden Sonnenlicht, dicht an dicht hinter der Hafenmole, dünner gesät den überwachsenen Hang hinauf. Eine Unzahl von Booten schaukelt im Hafen sanft auf den Wellen, und leise hört man das geschäftige Summen der vielen badenden, flanierenden, Eis essenden und genüßlich faulenzenden Menschen.**

Der hohe, schwarzgrüne Berg im Hintergrund läßt etwas erahnen von den Naturgewalten, denen die Insel ihre Entstehung verdankt. Mit ihren 34 km Umfang und 46 km² Oberfläche ist Ischia die mit Abstand größte Insel im Golf. Sie ist vulkanischen Ursprungs und gehört, zusammen mit der kleinen Tochterinsel Procida, geologisch zum Gebiet der Campi Flegrei. Der 789 m hohe Vulkan *Epomeo* ist bereits seit dem 14. Jh. erloschen. Zahlreiche heiße, teils radioaktive Thermalquellen zeugen jedoch von dem noch immer lebendigen Vulkanismus.

Insgesamt beherbergt Ischia knapp 40 000 Einwohner, die auf sechs Gemeinden verteilt sind: Ischia, Casamicciola Terme, Forio, Lacco Ameno, Serrara Fontana und Barano.

## Geschichte

Ausgrabungen haben erwiesen, daß Ischia schon während der Jungsteinzeit (um 3500 v. Chr.) besiedelt war. Diese frühen Bewohner lebten von Öl- und Weinbau, sie formten Gefäße aus mergeligem Ton, züchteten Haustiere und betrieben in Maßen auch Fischfang. Das ist insofern bemerkenswert, als die Menschen auf Ischia noch vor wenigen Jahrzehnten von den gleichen Tätigkeiten lebten. Erst der moderne große Touristenzustrom hat aus ihnen ein Volk von Hotelbesitzern gemacht.

Die große Geschichte scheint also auf das ischitanische Volk selbst wenig Einfluß gehabt zu haben. Gleichwohl hat es sie gegeben: Sie folgte im wesentlichen der Geschichte Neapels. Zunächst kamen die Griechen nach Ischia, die hier vor allem Erze verarbeiteten, die sie von außerhalb herbeibrachten: Ausgrabungen förderten Spuren eines regelrechten Industriezentrums mit Eisen- und Bronzeschmieden zutage. Auf die Griechen folgten die Römer, die, wie im ganzen Golfgebiet, auch hier ihre Villen erbauten. Sie waren es, die als erste die Heilkraft der Thermalquellen entdeckten.

Nach dem Untergang Roms stürmten Barbaren und Sarazenen die Küsten Ischias und richteten teils schwere Verwüstungen an. Die Bevölkerung zog sich ins Inselinnere und auf den schwer einzunehmenden Castello-Hügel zurück, wo der Hauptort der Insel entstand. Seit dem 11. Jh. steht hier ein Kastell, das im 14. Jh. von den aragonesischen Herrschern ausgebaut wurde. Als glanzvoller Herrschaftssitz der adeligen Frauen diente es dann im 16. Jh. Die noch immer eher archaisch lebende Bevölkerung unterwarf sich willig den wechselnden Herren. Erst gegen Ende des 18. Jhs., als der revolutionäre Gedanke von Frankreich herüberdrang, kam es zur Freiheitsbewegung der Ischitaner, die sogleich blutig niedergeschlagen wurde. Frei wurde die Insel erst im Zuge der italienischen Einigung 1861. Nach dem Zweiten Weltkrieg begann sich Ischia allmählich in ein Kur- und Urlaubsparadies zu verwandeln. Heute beherbergt die Insel während der Hauptsaison gut das zehn- bis Fünfzehnfache ihrer angestammten Einwohnerschaft. Die Ischitaner haben sich nahezu total dem touristischen Dienstleistungsgewerbe verschrieben und geben sich die größte Mühe, es ihrer vorrangig deutsch sprechenden Kundschaft so angenehm wie möglich zu machen: kaum ein Hotel, eine Pension oder ein Restaurant, in dem nicht in fließendem Deutsch bewirtet würde.

Der namengebende Hauptort der Insel besteht aus den beiden Teilen Ischia Porto und Ischia Ponte.

**Ischia Porto** ist der neuere und mondänere Teil des Städtchens. Er erstreckt sich östlich des nahezu kreisrunden Hafens, der ursprünglich ein Krater war und 1854 zum Meer hin geöffnet wurde. Zum Hafenbecken hin richtet sich die Piazza del Redentore mit der klassizistischen Kirche *Santa Maria di Portosalvo,* die zu Ehren des Hafendurchbruchs entstanden ist.

Heute reiht sich am Kai Taverne an Taverne, in den warmen Sommernächten scheint hier das lebhafte Treiben nicht

*Schwarzgrün und gewaltig: Der erkaltete Vulkan Epomeo*

mehr enden zu wollen. Hauptstraße ist die *Via Roma,* die in den *Corso Vittoria Colonna* übergeht und zum Bummel durch die eleganten Geschäfte oder zum Verweilen in einem der Restaurants und Cafés einlädt. Am äußersten östlichen Zipfel liegt der alte Stadtkern

Seite 47

**Ischia Ponte** mit seinen verwinkelten Gassen und farbigen kleinen Gebäuden. Über eine schmale Brücke gelangt man auf den sogenannten *Isolotto,* der beherrscht wird vom * **Castello Aragonese**. Das Kastell, 1438 errichtet, ist heute zum Teil verfallen und befindet sich in Privatbesitz; der jetzige Hausherr hat auf dem Gipfel des Hügels eine Pension und zu seinen Füßen eine Disco eingerichtet. Von März bis Oktober kann das Kastell besichtigt werden. Der Besucher überwindet die Höhe mit einem Aufzug oder durchquert zu Fuß einen 475 m langen Tunnelgang – wie auch immer – ein Erlebnis für sich (🕓 9–19.30 Uhr).

Zu sehen sind die Ruinen der alten *Kathedrale* und das ehemalige *Klarissenkloster* mit einem recht makaber anmutenden unterirdischen *Friedhof:* Die verstorbenen Nonnen wurden auf steinerne, in die Mauer gehauene Stühle gesetzt und sitzen dort noch heute – als Gerippe. Gerne macht man sich nach diesem schaurigen Anblick auf den Weg zur Aussichtsterrasse (vorbei an den Resten der kleinen achteckigen Renaissancekirche *San Pietro a Pantaniello)* über dem Kastell, von der ein traumhafter Blick über den gesamten Golf wieder heiter stimmt.

## Praktische Hinweise

☏ Vorwahl: 081. PLZ 80077.

ℹ Azienda Autonoma di Cura Soggiorno e Turismo, Via Iasolino 23, ☏ 991146; Corso Vittoria Colonna 126, ☏ 983066.

🚌 Zentrale Haltestelle in Ischia Porto, ℹ SEPSA-Büro, Via M. Mazzella, ☏ 991808 oder 991828.

⛴ Von Ischia Porto tgl. mehrmals Fähren und Tragflügelboote nach Procida und zum Festland.

Ⓗ **Moresco**, Via Gianturco 16, ☏ 981355, 📠 992338. Apr.–Okt. Nobles Haus mit gepflegter alter Einrichtung. Thermalbecken. Ideal für Schönheits- und Erholungskuren. Vollpension. $$$

**La Villarosa**, Via G. Gigante 5, ☏ 991316, 📠 992425. Mitte Apr.–Okt. Alte Villa mit stilechtem Mobiliar, in verwachsenem Park. Thermalbecken. Vollpension. $$

## Eine Muse der Renaissance

Die glanzvollste Persönlichkeit in Ischias Geschichte ist eine Frau: *Vittoria Colonna,* Dichterin, Freundin und Muse gelehrter Männer und, nach Aussagen ihrer Zeitgenossen, eine außerordentlich schöne und kluge Frau. Kaum 16jährig, vermählte sie sich 1509 auf dem Kastell mit dem kühnsten Kriegshelden seiner Zeit, dem Grafen *Ferrante d'Avalos* – eine Liebesheirat, wie es hieß. Von Hingabe und Sehnsucht zeugen zumindest die Sonette, die sie schrieb, während sie auf die Rückkehr ihres Gatten vom Schlachtfeld wartete. Nach den Kämpfen bei Pavia 1525 erlag Ferrante jedoch seinen Verletzungen. Noch bis 1536 lebte Vittoria in dem Kastell, in Trauer um ihren Gatten, was sie aber nicht davon abhielt, bedeutende Dichter und Gelehrte um sich zu versammeln. Dann verließ sie die Insel und zog nach Rom, wo eine enge Freundschaft mit dem schon betagten Michelangelo zu wachsen begann. Sie starb 1547, von ihren berühmten Zeitgenossen beweint und betrauert.

Seite 47

**Villa Antonio**, Via SS. Giovanni e Giuseppe 77, ☎ 982660. Mitte Apr.–Okt. Auf Klippen gegenüber dem Castello, Terrasse und Meeresblick. Thermalbecken. Nur Zimmer mit Frühstück. ($)

🏨 **Giardino Eden**, Via Nuova Cartaromana 68, ☎ 993909. Mai–Sept. In traumhaftem Palmengarten nahe dem Strand; der Fisch ist Spitze! ($)

**Gennaro**, Via Porto 66, ☎ 992917. Ostern–Okt. Traditionelles Lokal, in dem schon viele Berühmtheiten gespeist haben. ($)

**Pirozzi**, Via Seminario 51, ☎ 991121. März–Dez. Im alten Stadtkern, auch Pizzeria. ($)

⛺ **Eurocamping dei Pini**, Via delle Ginestre, ☎ 982069.

*Mondän und geschäftig: der Hafen von Ischia Porto*

*Nach der Siesta werden die Straßen Ischia Portos lebendig*

**Casamicciola Terme**, erreichbar über die rund um die Insel führende Strada Statale N270, liegt etwa 5 km westlich von Ischia Porto und bildet, zusammen mit diesem und Lacco Ameno, das eigentliche Kurgebiet der Insel. Hier in Casamicciola entspringen die meisten Quellen, die vielen Hotels und Pensionen besitzen großenteils eigene Thermalkomplexe und sind auf Kuren spezialisiert. Die bekannten Manzi-Thermen sind die ältesten, bereits Garibaldi hat hier gekurt. Der etwa halbstündige Spaziergang hinauf zur Sentinella wird mit einem schönen Blick über die Dächer von Casamicciola belohnt.

## Wanderungen

Die Hänge des *Monte Epomeo* (787 m) hinter Casamicciola sind sehr einladend und bis zu einer gewissen Höhe auch recht gut begehbar.

Eine weitere lohnende kleine Wanderung ist die zum *Monte Rotaro* (266 m). Der Weg führt am Krater Fondo d´Oglio

*Imposant und beherrschend: das Castello Aragonese*

vorbei, der zwar erloschen, doch noch reich an Fumarolen ist. Wer ausdauernder ist, kann die grünen Hänge des *Monte Trippodi* hinaufsteigen, in dessen Nähe der Krater *Fondo Ferraro* liegt. Als weiteres Ziel bietet sich das Bergdörfchen *Fiaiano* an. Von hier fährt ein Bus nach Ischia Porto, doch läßt sich die Strecke auch zu Fuß gut bewältigen.

Seite 47

Agenzia Viaggi e Turismo, Piazza Marina 24, ☎ 994441.
**La Madonnina**, Via S. Girardi 1, ☎/FAX 994062. Apr–Okt. Privatstrand, natürliches Thermalbecken, Zimmer mit Meeresblick. Vollpension. $$
**Terme Scioli**, Via Garibaldi 97, ☎ 994421, FAX 980185. Apr.–Okt. Renovierte alte Villa, spezialisiert auf Kurbetrieb. $$
**Parco di Meglio**, Via Vecchia Cretaio 26, ☎ 995722. Im Grünen auf dem Hügel liegt die neue, sehr preisgünstige Unterkunft. Auch Appartements verschiedener Größe mit Selbstversorgung. $
**Il Focolare**, Via S. Girardi. Am Hang, typisch ischitanische Küche. $$
**Pizza Marina**. Pizzeria direkt am Meer. $
**Bar Topless**. Am Strand, schick fürs junge Publikum, reichlich Snacks und Cocktails.

Verläßt man Casamicciola in Richtung Westen, so kommt bereits nach kurzer Fahrt die elegante Reede von

* **Lacco Ameno** in Sicht. Davor ragt ein in Pilzform ausgewaschener Felsen, „Fungo" genannt, aus dem Wasser, das malerische Wahrzeichen des Ortes. Lacco Ameno steht auf historisch bedeutsamem Boden: Hier entstand vor etwa 2600 Jahren die erste griechische Siedlung *(Pithekoussai)* auf Ischia. Die sehenswerten Fundstücke aus dieser Zeit sind in der * *Villa Arbusto* zu besichtigen (Corso Rizzoli, ⌚ tgl. außer Mo 9–13 und 15–18 Uhr).

Ein weiteres kleines Museum mit Exponaten aus Antike und frühchristlicher Zeit wurde in der Krypta der Kirche *Santa Restituta* (⌚ 9–12 und 15 bis 18 Uhr) eingerichtet, die den eleganten Platz vor dem Rathaus beherrscht. Um die Heilige, die der Piazza ihren Namen gab, rankt sich eine Legende: Die frühchristliche Märtyrerin soll an der nordafrikanischen Küste gefesselt in einem Boot ausgesetzt und im Jahr 282 hier an Land gespült worden sein – ob lebend oder tot, darüber streiten sich die Geister. Seit dieser Zeit jedenfalls ist sie die Schutzpatronin der Insel.

Lacco Ameno zur Seite erhebt sich der *Monte Vico*, ein kleines, ins Meer hinausragendes Vorgebirge, auf dem in einzigartiger Lage das **Hotel San Montano** (s. u.) steht. Gleich dahinter öffnet sich die beliebte und sehr gepflegte *Badebucht San Montano* mit einem Thermalschwimmbecken.

Das moderne Lacco Ameno ist ein nobler Ort, an dem sich die Hautevolee niedergelassen hat. Bei einem Spaziergang, vorbei an den vornehmen Villen zur *Punta Caruso* und zur wundervollen, sehr gepflegten Badebucht *San Montano*, taucht man ein in die illustre Welt der High-Society.

Isola Verde, Corso Angelo Rizzoli, ☎ 994709.
**Regina Isabella e Royal Sporting**, Piazza S. Restituta, ☎ 994322, FAX 900190. Mitte Apr.–Okt. Luxus pur! Wer sich hier nicht erholt, dem ist nicht zu helfen. Thermalbecken. Vollpension. $$$
**San Montano**, Via Montevico, ☎ 994033, FAX 980242. Mitte Apr. bis Okt. Einzigartige Lage auf dem kleinen Vorgebirge Monte Vico. Thermalbecken und höchster Kur-Komfort. Vollpension. $$$

* **Forio**, an der Westseite der Insel gelegen, ist in seinem Kern ein mittelalterlich-ursprünglicher Ort geblieben: Kuppeln und Türme überragen weiße kubische Häuser. Lange war Forio ein beliebter Künstlerort, bis er, relativ spät, für den Tourismus entdeckt wurde. Ein Gang durch die Gassen mit ih-

ren Bogen, Loggien und Treppen läßt die bäuerliche Vergangenheit noch erahnen. Beliebter Aussichtspunkt und Wallfahrtsziel ist die Kirche * **Santa Maria del Soccorso**. Sie steht seit dem 16. Jh. auf der kleinen Anhöhe, und strahlend weiß hebt sich ihre sanft geschwungene Fassade vom Hintergrund des blauen Mittelmeeres ab. Besonders schön ist es hier oben kurz vor Sonnenuntergang. Im Innenraum zeugen zahlreiche maritime Votivtafeln, Heiligenfiguren und Schiffsmodelle von ihrer Funktion als Schutzkirche der Seefahrer und Fischer. Die kleinen Altäre sind mit buntem Marmor kunstvoll verziert.

Ein weiteres, aber ganz anders geartetes Prunkstück Forios sind die * **Poseidon-Gärten**: ein paradiesisch ausgestatteter Thermalpark vor dem Strand von *Citara*, mit üppiger exotischer Vegetation – eine Oase des Friedens.

*Steinerner Pilz im Meer: der Fungo vor Lacco Ameno*

Seite 47

*Die Badebucht von San Montano zieht illustre Gäste an*

*Der mittelalterliche Wachtturm ist Wahrzeichen Forios*

ℹ Ufficio Turistico Mattera, Piazza Medaglia d'Oro 10, ☎ 997710.

🏨 **Mezzatorre**, Via Mezzatorre, ☎ 986111, FAX 987992. Mitte Apr.–Okt. In und um einen mittelalterlichen Sarazenenturm gebaut. Vollpension. $$$

**Casa Antica**, Via Matteo Verde 30, ☎ 997328. März–Okt. Altes Stadthaus, geschmackvoll renoviert, mit Innenhof. Halbpension. $$$

**Umberto a Mare**, Via Soccorso 2, ☎ 997171. Apr.–Okt. Direkt bei der Kirche S. Maria del Soccorso, alle Zimmer zum Meer, einfach. Vollpension. $

**Mareluna**, Panza, Via Nuova di S. Gennaro, ☎ 907183. Apr.–Sept. Im zu Forio gehörenden Dorf Panza gelegen, sympathische Familienpension. Halbpension. $

🍴 **Umberto a Mare** (s. gleichnamiges Hotel). Schöne Aussichtsterrasse über dem Wasser. $$

**Miriam**, Panza, Bivio S. Angelo, ☎ 907501. Ganzjährig. Familienlokal mit neapolitanischer Küche; es gibt aber auch Pizza. ($)

*__Sant'Angelo__. Der kleine Ort liegt auf einer winzigen Landzunge und gleicht in allem einem höchst malerischen Ort, der sich seinen Charme bewahrt hat. Aus dem einstigen Fischerdorf ist ein beliebtes, exklusives Touristennest geworden. Sant'Angelo ist frei von Autos und nur über Treppchen und schmale Steige begehbar. Touristengepäck und alle sonstigen Dinge werden auf den Rücken von Mauleseln transportiert.

Seite 47

Westlich des Dorfes erstreckt sich ein vulkanisch aktiver Strand, der reich ist an Fumarolen und heißen Quellen. Seine parkähnlichen Thermalbadanlagen, *Aphrodite- und Apollo-Garten* genannt, stehen den Poseidon-Gärten Forios kaum nach. Der Sand bei den Fumarolen ist so heiß, daß man sogar Eier darin kochen kann. Einen kurzen Fußmarsch vom Strand entfernt liegen in einem tief eingeschnittenen Tal die Thermen von *__Cavascura__, einem Thermalbad aus römischer Zeit mit in den Felsen gehauenen Badekammern, das bis heute noch unverändert in Betrieb ist.

ℹ Ufficio Informazioni, Via Chiaia delle Rose, ☎ 999767.

Ⓗ **La Palma**, Via C. Maddalena 15, ☎ 999215, Fax 999526. Apr. – Okt. Schönes Inselhaus mit vielen Terrassen. Zum Haus gehören die Thermalgärten „Tropical". Vollpension. ($$)
**San Michele Terme**, Via S. Angelo, ☎ 999276, Fax 999149. Apr.–Okt. Zentral, aber nicht weit zum Strand. Auch Appartements in der Dependance. Vollpension. ($$)
**Casa Celestino**, Via Chiaia delle Rose, ☎ 999213. Pittoresk, der Ausblick ist eine Schau, alle Zimmer zum Meer. Vollpension. ($$)
**Casa Garibaldi**, Via Madonella 52, ☎ 999420. Mitte März–Okt. Sehr schön im Grünen gelegen. Thermalbecken. In einer großen Küche kann jeder für sich selbst kochen! ($)
Ⓡ **La Conchiglia**, Casa Annunziatina, im Zentrum. Altes Künstlerlokal mit

## Ein Jungbrunnen: Kuren auf Ischia

Auf Ischia ist Quelle nicht gleich Quelle. Je nachdem, wie lang und welcher Art ihr unterirdischer Verlauf ist, sprudeln sie wärmer oder kühler aus dem Felsen. Auch ihr Mineralgehalt ist unterschiedlich. Nur einige wenige Quellen sind radioaktiv, die meisten enthalten Schwefel- und Alkalisalze, manche auch Brom- und Jodsalze.

Alle Kuren auf Ischia basieren auf diesen heilsamen Quellwassern; die sich dem Gast eröffnenden Möglichkeiten lassen keine Wünsche offen: Fango-Packungen, Dampf-, Thermal- oder Sandbäder, Massageduschen, Spülungen, Aerosoltherapie, Inhalationen oder Trinkkuren. Heilsame Wirkung bieten diese Verfahren und Therapien bei einer mindestens ebenso langen Reihe von Beschwerden: wie bei Rheuma, Arthritis, Bandscheibenleiden, Folgen von Verletzungen und Knochenbrüchen, Entzündungen von Nerven, Atemwegen und Schleimhäuten, bei diversen Hautleiden oder etlichen Frauenkrankheiten; da man hier auch aus dem Erfahrungsschatz der Kosmetik schöpfen kann, bleiben Verjüngungseffekte zuweilen nicht aus.

Die Kurdauer beträgt im allgemeinen 12–15 Tage. Vor einer Kur sollte - auch wenn keine spezielle Krankheit vorliegt – eine ärztliche Untersuchung erfolgen, denn die Kuren sind zum Teil körperlich recht anstrengend. Der Hausarzt wird ein entsprechendes Kurprogramm zusammenstellen. An Ort und Stelle wird der Kurgast vom dortigen Personal beraten. Eine Voranmeldung ist in jedem Falle erforderlich.

vielen Bildern, Terrasse, gute Familienküche. $

**Serrara Fontana** ist ein Konglomerat von mehreren kleinen Bergdörfern. Von Sant'Angelo ist es entweder über die Straße oder über Treppenwege zu erreichen. Für den Besucher von Bedeutung aber ist Serrara Fontana vor allem deshalb, weil es der Ausgangspunkt ist für die

In strahlendem Weiß: die Kirche Santa Maria del Soccorso

Seite 47

***Exkursion auf den Monte Epomeo**. Der Vulkan ist 787 m hoch und seit seinem letzten Ausbruch im Jahr 1301 erloschen. In den Jahrhunderten davor soll er, ähnlich wie der Vulkan Stromboli auf der gleichnamigen Liparischen Insel, beständig Glut und Feuer gespuckt haben, so daß er den Seefahrern als natürlicher Leuchtturm diente.

Es gibt mehrere Wege, die auf den Gipfel führen. Der kürzeste und am häufigsten gewählte beginnt in *Fontana* (ca. 1 Std). An schönen Tagen in der Saison pilgern hier ganze Karawanen gipfelwärts, und wer will, kann sich auch auf einem Eselsrücken hinauftransportieren lassen. Spannender ist der Weg von *Serrara* am Hang entlang, der den Wanderer über die sogenannte *Falanga* mit Blick auf Forio zum Gipfel bringt (ca. 2 Std).

Paradiesisches Badevergnügen im Thermalpark der Poseidon-Gärten von Forio

Die lochartigen Grotten in der Falanga dienten in den vergangenen Jahrhunderten zur Aufbewahrung von Schnee: In die Hohlräume gestopft und mit Kastanienlaub und Stroh bedeckt, hielt er den ganzen Sommer über. In gut isolierten Körben wurde er auf Eselsrükken runter in die Ortschaften geschafft und dort zu Speiseeis verarbeitet.

Unweit des Gipfels steht die ehemalige Einsiedelei *San Nicola* mit der gleichnamigen, in den Fels gehauenen Kapelle. Das Kloster ist heute in einen Restaurationsbetrieb umgewandelt, in den ehemaligen Klosterzellen gibt es auch Übernachtungsmög-

Panorama vom Monte Epomeo

lichkeiten. Von der Zelle Nr. 8 heißt es, daß die Mönche sie früher für junge Liebespaare bereithielten, die, wenn die Familien mit ihrer Vereinigung nicht einverstanden waren, sich hierher flüchten konnten. Wer hier übernachtet, sollte nicht versäumen, dem Sonnenaufgang beizuwohnen: ein Naturschauspiel von einmaliger Schönheit.

Seite 47

Der am wenigsten bekannte Teil der Insel ist die Gegend um

* **Barano**. Auch hinter diesem Namen verbergen sich mehrere, nah beieinanderliegende Bergdörfer (der Strand von Maronti gehört ebenfalls zu dieser Gemeinde). Die Bergbevölkerung lebt noch weitgehend von Weinbau und Kleintierzucht. Gleichwohl wird das, was Weinberg und Ställe hervorbringen, in zahlreichen Tavernen längs der Straße auch den Besuchern angeboten.

Der Ort Barano bietet sich als Ausgangspunkt für eine Reihe von reizvollen Abstechern an, die man sowohl zu Fuß als auch mit dem Auto unternehmen kann. Zwei kleinere Straßen führen ins Innere der Insel, die eine zum Dorf *Buonopane*, die andere nach *Fiaiano*. Ein kurvenreiches Sträßchen windet sich über den Ort *Testaccio* hinunter zum berühmten

**Lido di Maronti**, einem herrlich gelegenen breiten Sandstrand von insgesamt 2 km Länge; er schließt im Osten an den Fumarolen-Strand von Sant'Angelo an.

ℹ Ufficio Turistico, Il Quadrante, ☎ 993910.

🏨 **Parco Smeraldo Terme**, Lido di Maronti, ☎ 990127, FAX 905022. Apr. bis Okt. Direkt am Strand, mit allem Komfort; Sport-, Thermal- und Kuranlagen. Vollpension. $$

**S. Raphael Terme**, Testaccio, ☎ 990508, FAX 990922. Etwas oberhalb des Strandes. Thermalbecken. Vollpension. $$

**Internazionale**, Fiaiano, Via Acquedotto, ☎ 901315, FAX 901645. Im Inselinnern in kühler Höhe gelegen. Etwa gleiche Entfernung zu Nord- und Südküste. Günstige Preise für längerfristigen Aufenthalt. Vollpension. $

⛺ **Mirage**, am Lido di Maronti, ☎ 990551.

Folgt man von Barano aus der Straße nach Ischia Ponte weiter durchs Inselinnere, lohnt sich ein Abstecher in den Ort *Campagnano*, in dem eine hübsche Kirche mit bunter Majolikafassade steht. In der Nähe von Ischia Ponte passiert man einen im 17. Jh. erbauten Aquädukt, *I Pilastri* genannt, der die

## Gaumenfreuden all'ischitana

Schlemmer und Genießer sind auf Ischia richtig. Will man sich auf die noch folgenden Leckereien einmal nicht mit einer der unzähligen Nudelsorten einstimmen, wähle man am besten eine *bruschetta* (geröstetes Weißbrot mit einer Paste aus Knoblauch und Tomaten) oder Melone mit Schinken als Vorspeise. Fleischliebhaber sollten es keinesfalls versäumen, anschließend eines der Kaninchengerichte zu probieren. Die Spezialität der Insel ist *coniglio all'ischitana*, Kaninchen-Schmorbraten in einer feinen Tomaten-Weißweinsauce, mit Knoblauch und Pfefferschote abgeschmeckt. Aber auch Fisch-Gourmets dürfen auf Ischia nach Herzenslust (und je nach Portemonnaie) schmausen. Neben der klassischen *zuppa di pesce* (Fischsuppe) oder einer *frittura di pesce* (gemischte Fischplatte) gehört der Schwertfisch *(pesce spada)* zu den für die gesamte Golfregion typischen Köstlichkeiten. Spezialität auf Ischia ist *pezzogno all'acqua pazza*, in einem Sugo aus Olivenöl, Knoblauch, Tomaten und Petersilie gedünsteter Fisch.

## * La'ndrezzata

Das Dörfchen *Buonopane* ist die Heimat eines merkwürdigen Tanzes mit dem unaussprechlichen Namen *'ndrezzata:* eines uralten Männertanzes, der der Tarantella verwandt ist. In historischen Kostümen und mit Holzschlegeln bewaffnet, treten die Männer tänzerisch gegeneinander an. Klarinetten- und Tamburinspieler begleiten den scheinbaren Kampf, der auf eine Fehde zwischen zwei Ortschaften zurückgehen soll. Eigentlicher Tanztermin ist der 24. Juni, doch inzwischen ist die *'ndrezzata* den Touristen zuliebe den ganzen Sommer über zu sehen. Auch der Ort *Fiaiano* hat sich das Tanzereignis inzwischen zur Ankurbelung des Fremdenverkehrs nutzbar gemacht.

Seite 47

Insel in der Vergangenheit mit Wasser versorgte.

## Inselrundfahrt im Boot

Während der Saison legen in Ischia Porto täglich mehrmals Touristen-Boote zu einer Inselrundfahrt ab. Die Umrundung mißt 30 Seemeilen und dauert, je nach Boot, unterschiedlich lang. Die meisten Boote steuern Sant'Angelo zu einem Zwischenaufenthalt an.

Wer ein wenig Trinkgeld bei der Bootsrundfahrt um die Insel nicht scheut, der wende sich an den Steuermann mit der Bitte, ihm die „Meeresskulpturen" zu zeigen (figure scolpite dal mare). Ischia ist nämlich umringt von Tuffsteingebilden, die das Meer und der Wind zu bemerkenswerten Figuren geformt haben – wie den Fungo vor Lacco Ameno.

Mit etwas Fantasie erkennt man einen „Elefanten", einen „Riesen" oder eine „schlafende Schöne". Die meisten Figuren identifiziert man freilich nur, wenn man darauf aufmerksam gemacht wird – doch dann ist der Effekt verblüffend.

*Strandvergnügen am Lido di Maronti*

*Ganz hat der Tourismus den Fischfang noch nicht verdrängt*

## Praktische Hinweise

☎ Vorwahl 081, PLZ 80077.
ⓘ Azienda Autonoma, Ischia Porto, Piazzale Trieste, ☎ 991146.
Ischia Porto: Autofähren nach Neapel, Molo Beverello (über Procida) und Pozzuoli. Ischia Porto und Casamicciola: Tragflügelboote nach Nea-

pel, Procida. In der Saison Ausflugsboote nach Capri.
Von Ischia Porto zu allen Ortschaften der Insel.

### Hotels

Seite 47

Ischia ist reich ausgestattet mit Hotels jeder Preisklasse. Doch Vorsicht: fast alle bieten nur Vollpension an, und die meisten sind im Winter geschlossen. Hotels ab der mittleren Preisklasse verfügen in der Regel über eigene Thermal- und Kuranlagen. In sehr vielen Betrieben ist oft ein größeres Kontingent für Pauschalreisende reserviert.

Wer Urlaub in einem Hotel auf Ischia plant, sollte sich überlegen, ob nicht eine Pauschalreise das Günstigste ist. Da fast alle Häuser nur Vollpension anbieten, besteht kein großer Unterschied zum individuellen Reisen – man ist ohnehin gebunden.

### Ferienwohnungen, Privatzimmer

Vermittlung durch Agenzia „Mizar", Via Jasolino, 80077 Ischia, ☎ 981897. Außerdem durch das Info-Büro der Azienda Autonoma.

### Camping

Es gibt nur drei Plätze auf Ischia, die schnell überfüllt sind. Vorbestellung ist also ratsam! Freies Campieren ist streng verboten.

### Sport

**Tennis**: Die Insel verfügt über ausreichend Tennisplätze; die meisten gehören zu Hotelkomplexen, sind jedoch auch Nicht-Gästen zugänglich.

**Surfing**: An den Stränden von Forio und Maronti gibt es Surf-Schulen und Bretter zum Leihen.

**Segeln**: In den Häfen von Ischia Porto und Casamicciola können Boote ausgeliehen werden.

**Tauchen**: Taucher bevorzugen die felsige Südküste östlich von Sant'Angelo. Das Tauchgelände ist sehr beliebt!

### Wandern

Ischia ist ein ideales Gebiet sowohl für kürzere als auch für längere Wanderungen. Allerdings darf man keine perfekt ausgeschilderten Wanderwege wie in unseren Kurorten erwarten, sondern muß sich mit den Trampelpfaden der Hirten und Eseltreiber begnügen; Wegmarkierungen sind höchst selten. Gutes Schuhwerk ist unbedingt notwendig, um heil über das schüttere, scharfkantige Lavagestein zu kommen. Auch eine Flasche Trinkwasser ist unentbehrlich.

### Veranstaltungen

*Karfreitagsprozession* in Ischia Ponte.
17.–19. Mai: *Festa di S. Restituta* in Lacco Ameno. Prozession auf dem Wasser, Markt und Feuerwerk.
24. Juni: *'ndrezzata* (traditioneller Volkstanz) in Buonopane (Serrara Fontana).
26. Juli: *Festa di Santa Anna* in Ischia Ponte mit Bootsrennen und abschließendem Feuerwerk.
15. August: *Festival delle cose buone* in Ciglio (Serrara Fontana). Grillfest mit Volkstänzen.
1. Septemberwoche: *Sagra dell'uvo e del vino* in Forio, Panza und St. Angelo. Wein- und Traubenfest.
8. oder 10. September: *Festa di Santa Maria del Monte*. Prozession zur Kirche mit anschließendem Festessen.

### Tips

Wer nur kurz auf Ischia Station macht und nur eine Inselrundfahrt unternehmen möchte, der sollte nicht die übliche Richtung von Ischia Porto westwärts (also gegen den Uhrzeigersinn), sondern andersherum fahren. Das landschaftliche Erlebnis ist entschieden schöner.

Die Autofähre von Pozzuoli aus ist weniger überfüllt und billiger, die Strecke kürzer.

*Ursprünglich und charmant: der kleine Fischerhafen von Procida*

# Procida

## Die unbekannte Insel

**Mit einer einzigen lockeren Schlinge vertäut der Matrose das Tragflügelboot am Ufer. „Procida, Signori, Procida!", ruft er. Gewöhnlich gehen nur wenige Leute an Land, meistens sind es Frauen mit Einkaufstaschen, die zielstrebig von dannen eilen. Die vielen Menschen an Bord wollen weiter nach Ischia und blicken mit teilnahmslosen Gesichtern auf die verwaschene Häuserfront hinter der Hafenmole.**

**Fast afrikanisch mutet das Gewirr kleiner bunter Bauten dort an, und ein Gedanke drängt sich auf: So muß es einmal auf allen Golfinseln ausgesehen haben, früher, bevor wir, die Touristen kamen.**

Auf Procida kann man noch finden, was so mancher auf Ischia und Capri vergeblich sucht: Ursprünglichkeit und Unverfälschtheit.

Das Städtchen **Procida** scheint nicht nur, sondern ist tatsächlich ein Fischernest – oder besser gesagt: Fischfang ist hier immer noch ein wichtiger Erwerbszweig vieler Familien. Ansonsten gleicht es mit seinen 10 000 Einwohnern eher einem kleineren und friedlicheren Neapel.

Auch Procida ist vulkanischen Ursprungs, jedoch ohne heiße Quellen und Fumarolen. Unzählige Krater und Höhlen verleihen der Küste dieser Insel ihr besonderes Gepräge. Zwischen ihren äußersten Ausläufern ist die Insel gerade 4 km lang und 2 km breit. Außerhalb des Ortes ist Procida eher dünn besiedelt – kleine weiße Bauernhäuser leuchten hier und da, ansonsten ist das kleine Eiland „nichts" als ein Garten im Meer.

Die Insel ist von Zitronenbäumen geradezu überflutet, und unter den Zitruspergolen wächst alles, was die fruchtbare Lavaerde so prächtig gedeihen läßt: Tomaten, Salat, Artischocken, Melonen und natürlich auch Wein. Procida rühmt sich außerdem der geschmackvollsten Limonen des Landes.

Eine eher düstere Geschichte hat das **Kastell**; bis vor wenigen Jahren diente es als Gefängnis. Vielleicht hat auch dieser Umstand die Besucher von der Insel ferngehalten. Von der * *Aussichtsterrasse* neben der ehemaligen Kerkerburg bietet sich ein wundervoller Blick über die reizvolle Ostküste der Insel und auf den Fischerhafen.

Nicht weit davon steht **San Michele Arcangelo**, die Hauptkirche der Insel mit ihrer charakteristischen dreifachen Kuppel. Im Inneren beeindruckt die schöne Kassettendecke, in deren Mitte auf einem Fresko des bekannten neapolitanischen Malers *Luca Giordano* der Erzengel den Teufel bezwingt. Ansonsten scheint das Kirchenschiff eher als sakrale Rumpelkammer genutzt zu werden.

Kaum weniger Durcheinander herrscht in der darüber untergebrachten *Biblioteca abbazia*, die zahllose Bücher und Folianten beherbergt. In der Krypta ist eine große neapolitanische Krippe aufgebaut, ein anrührendes Ensemble.

Die einzige Omnibuslinie auf Procida führt von *Marina Grande* (Hafen) zur **Chiaiolella** ans andere Ende der Insel. Vor ein paar wenigen friedlichen Restaurants öffnet sich hier ein kleiner runder Jachthafen (auch dieser ein ehemaliger Krater).

Gegenüber liegt das unbewohnte felsige Eiland *Vivara*, ein kleines Naturschutzgebiet, das vor allem zahllosen Kaninchen und einigen seltenen Vogelarten zur Heimat geworden ist.

Nördlich der Chiaiolella erstreckt sich der *Lido*, der Volksstrand von Procida, an dem man mit Blick auf das nahe Ischia sehr schön baden kann.

Die mäßig steile, besonders reizvolle Ostküste muß man zu Fuß erwandern (von der Chiaiolella bis Procida-Hafen 1 Std., mit Blick auf Capri und die sorrentinische Halbinsel). Gemütlichere Naturen können sich dem Fahrer eines der lustigen dreirädrigen Minitaxis anvertrauen und sich von ihm herumkutschieren lassen.

*Ein malerisches Ambiente: Häuserfront von Procida*

Am Karfreitag findet auf Procida eine der originellsten Prozessionen der Golfregion statt. Sie wird in der Hauptsache von Kindern bestritten. Die in wochenlanger Schnitzarbeit entstandenen „misteri", religiöse Reliefs oder Statuen, werden von den Gläubigen auf die *Terra Murata,* den höchsten Punkt der Insel, gebracht, wo am folgenden Morgen der Trauerzug der in weiße und blaue Gewänder gehüllten Gemeinde beginnt.

*Hinter den Mauern des Kastells saßen einst die Gefangenen*

Eine amüsantere Festivität der Insel ist der alljährlich veranstaltete *Miss-Graziella-Wettbewerb.*

## Praktische Hinweise

☏ Vorwahl 081, PLZ 80079
ℹ Azienda Autonoma, Via Roma 92, Procida, ☏ 8969624.
⛴ Autofähre nach Neapel, Molo Beverello, Pozzuoli und Ischia. Tragflügelboot (aliscafo) nach Neapel und Ischia.
Ⓗ **Le Arcate**, Via M. Scotti 16, ☏ 8967197. Einfaches Haus mit Garten und schönem Blick. $
Die Bauern vermieten Zimmer und Appartements. Anfragen bei der Azienda Autonoma.
Ⓡ **Crescenzo**, an der Chiaiolella. Friedlich speisen mit Blick auf das Eiland Vivara. $
⚠ **Punta Serra**, am gleichnamigen Kap.

*Verträumte Winkel in der Fischersiedlung Corricella*

# Route 1

Seite 61

## Auf antiken Straßen durch brennende Felder

*****Neapel – *Pozzuoli – *Baia – Bacoli – **Cumae (54 km)**

**Das erste, was reagiert, ist die Nase: Noch während man durch die Pinienallee mit den blühenden Büschen wandert, beißt plötzlich ein schweflig-brenzliger Geruch. Ein paar Schritte weiter, steht man schon mittendrin: im Krater der Solfatara. Es dampft und blubbert, wohin man auch blickt, kein Strauch, kein Leben kann hier mehr gedeihen, der merkwürdig glatte, grau-grüne Boden tönt hohl bei jedem festeren Schritt und brennt heiß durch die Schuhsohlen. Es ist, als läge direkt darunter die Hölle.**

Die Route, für die man sich einen Tag Zeit nehmen sollte, führt in die sog. *Campi Flegrei* – wörtlich bedeutet das „Brennende Felder" –, einen sehr eigenwilligen, aber durchaus eindrucksvollen Landstrich nördlich Neapels. Hier bewegt man sich in einer Anhäufung von Vulkankegeln, Eruptionsfeldern, Kraterseen und Buchten. Der Vulkanismus ist heute nur noch an wenigen Stellen zu beobachten. In antiker Zeit war der Küstenstreifen dieser Gegend dichtbesiedelt, das brodelnde und dampfende Hinterland war ein Ort der Mythenbildung wie kaum ein zweiter.

Städtisches Zentrum der Campi Flegrei ist seit der Antike

***Pozzuoli** (71 000 Einw.). Von den Griechen gegründet (528 v. Chr.), wurde die Stadt im 2. Jh. v. Chr. von den Römern erobert, die ihr den Namen Puteoli, die „Stinkende", gaben, wegen der an vielen Stellen austretenden Schwefelgase. Trotz des Gestanks aber wurde Puteoli die wichtigste Stadt am Golf, der Hafen war der Hauptumschlagplatz für den Orienthandel. Im Jahr 61 n. Chr. soll der Apostel Paulus hier gelandet sein. Die Plünderungen der im 5. Jh. einfallenden Goten führten schließlich zum Ruin der Stadt, die seitdem keine bedeutende Rolle mehr gespielt hat.

Die Altstadthäuser Pozzuolis schmiegen sich eng verschachtelt an die Hänge eines Tuffhügels; davor liegt der Fischer- und Fährhafen. Dahinter hat sich Pozzuoli zu einem nicht gerade attraktiven Industrievorort von Neapel ausgeweitet.

Inmitten des engen Gassengewirrs ragt der Dom *San Procuelo* empor. Er wurde im 11. Jh. in die Ruine eines römischen Tempels hineingebaut und im 17. Jh. barockisiert. An der bröckeligen Außenwand ragen sechs korinthische Säulenkapitelle empor, Reste des römischen Apollotempels. Tieferliegende Teile des Tempels werden zur Zeit noch ausgegraben.

Über die schmale Uferpromenade erreicht man nördlich des Hafens das **Serapeion.* Die Anlage wurde lange für einen griechischen Tempel gehalten, in Wahrheit handelt es sich jedoch um das *Macellum,* die Markthalle des römischen Puteoli. Durch den sog. Bradysismus, ein langsames Heben und Senken des Grundes, stehen die Säulen heute nur mit den Sockeln im Wasser. Löcher in 5 m Höhe der Säulen, die von Bohrmuscheln stammen, beweisen jedoch, daß das Macellum zeitweise sehr viel tiefer im Wasser gestanden hat, der Grund sich also im Laufe der Jahrhunderte wieder gehoben hat.

Am Nordrand der modernen Stadt liegt das **Flavische Amphitheater* (🕓 9 Uhr bis Sonnenuntergang), dessen heute zerfallene Außenfront aus drei Arkadengeschossen bestand. Dieses drittgrößte Amphitheater Italiens – die 149 mal 116 m große Ellipse bot 40 000 Zuschauern Platz – wurde im 1. Jh. n. Chr. erbaut. Neben den obligatorischen Gladiatorenkämpfen kamen in der Arena auch fingierte Seeschlachten zur Aufführung. Besonders gut erhalten (und sehr sehenswert) sind die ** *unterirdischen Gewölbe*. Hier waren die Raubtierkäfige untergebracht, die sich mit Hilfe von Aufzügen durch quadratische Öffnungen in die Arena heben ließen.

ⓘ Azienda Autonoma, Via Campi Flegrei 3, ☎ 081/8672419.
Ⓜ Napoli–Pozzuoli–Torregaveta.
Baia–Cumae.
Autofähren nach Ischia und Procida.
**Castello dei Barbari,** Via Fascione 4, ☎ 081/5266014. Klassisch neapolitanische Küche mit ebenso klassischem Weitblick von der großen Terasse.
⚠ **Vulcano Solfatara,** im Kratergelände.
**Averno,** oberhalb des Lago Averno nahe Arco Felice.

Gleich oberhalb Pozzuolis liegt die ** **Solfatara**, ein großer Krater im spätvulkanischen Stadium (7 Uhr bis Sonnenuntergang). Sie bietet Gelegenheit zu einem hochinteressanten Naturkundestudium, denn hier sind alle Anzeichen eines allmählich

*Typische Ansicht: Ein Fischer flickt seine Netze*

*Serapeion: Nur noch die Säulen sind von der Markthalle erhalten*

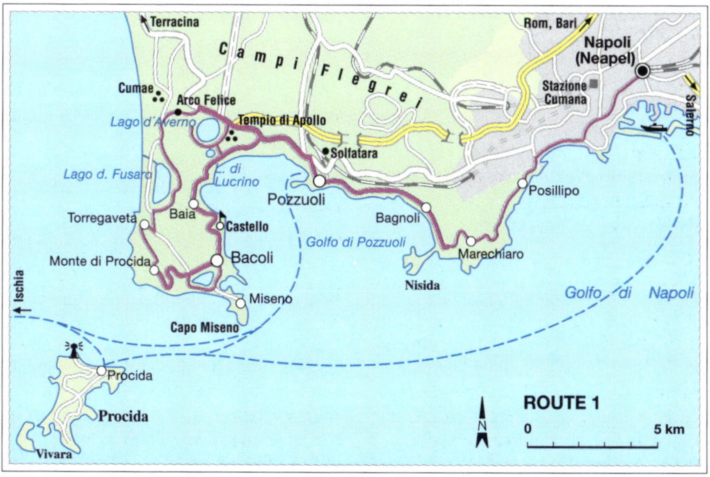

1

Seite 61

erlöschenden Vulkanismus zu beobachten: Fumarolen, d. h. Dampfausstoßungen von 162 °C, heiße Schlammfontänen, Schwefelgase und deren Kristallisationen, Mineralquellen.

Die Route führt weiter von Pozzuoli über die Via Domiziana (zunächst Richtung Formia, nach 3 km Abzweigung nach Baia). Rechts kommt der Kegel des *Monte Nuovo* (140 m) ins Blickfeld, der bei einer vulkanischen Explosion im Jahr 1539 innerhalb von zwei Tagen entstanden ist. Die beiden Seen zu seinen Füßen veränderten damals ihre Gestalt erheblich.

Der **Lago di Lucrino**, eine flache Lagune, durch einen schmalen Strandstreifen vom Meer getrennt, war in der römischen Antike berühmt für seine Austernzucht. Die meisten der zahlreichen Villen, die einst sein Ufer säumten, wurden bei dem Vulkanausbruch 1539 zerstört, nur wenige Mauerreste sind übriggeblieben.

Etwas landeinwärts (1 km) liegt der

* **Lago d'Averno**, ein kreisrunder Kratersee, bleigrau und von Vulkankegeln umgeben. Wegen seiner düsteren, dampfenden Unheimlichkeit hielten die in Cumae ansässigen Griechen den See für den Eingang zur Unterwelt. Der „Odyssee“ zufolge soll Odysseus hier ins Reich der Schatten hinabgestiegen sein. Auch in der Römerzeit behielt der See seinen mythischen Charakter, obwohl man ebenso versuchte, ihn durch eine Kanalverbindung zum Lucriner-See als Hafen zu nutzen, was jedoch durch die beständige seismische Veränderung des Bodens nur vorübergehend gelang.

Der Name Avernus bedeutet „ohne Vögel“: Der Überlieferung nach ist nie ein Vogel über diesen See geflogen. Möglicherweise strömte er in der Antike Dämpfe und heiße Gase aus, von denen sich die Vögel fernhielten.

Heute kann man am See streckenweise wandern. Am Südufer liegt die *Grotta della Sibilla*, ein 300 m langer Tunnel, Teil eines ausgedehnten Systems unterirdischer Gänge aus der Römerzeit. Die Bezeichnung „Grotta della Sibilla“ beruht auf einem Irrtum, denn die echte, sagenumwobene Sibyllengrotte nimmt Cumae für sich in Anspruch.

Am östlichen Ufer des Sees stößt man auf den sog. *Tempio di Apollo*, eine große Thermalanlage aus der römischen Kaiserzeit. Die *Grotta di Cocceio*, ein 1 km langer Verbindungstunnel nach Cumae, beginnt direkt am See. Diese erstaunliche Ingenieursleistung aus römischer Zeit wurde im Zweiten Weltkrieg als Munitionslager verwendet, heute ist der Tunnel aus Sicherheitsgründen nicht mehr begehbar.

Nächste Station ist * **Baia** (4000 Einw.), ein gemütlicher Ort an einer kleinen runden Bucht. Seit der römischen Antike, in der dieser Teil der Küste zu den vornehmsten der gesamten Golfregion gehörte, hat sich die geographische Lage durch den sog. Bradysismus, ein langsames Heben und Senken des Grundes, wesentlich verändert. Die antiken Nobelvillen sind bis zu 10 m tief ins Meer abgesunken, Reste wurden noch in 500 m Entfernung von der Küste gefunden: ein klassischer Fall für die Unterwasserarchäologie.

Der großartige antike ** *Thermenkomplex* ist jedoch weitgehend erhalten. Er wurde zu einem „Parco archeologico“ zusammengefaßt (🕓 9 Uhr bis Sonnenuntergang, außer Mo). Kernstück der Anlage ist der „Sosandra-Sektor“ mit einer großen Aussichtsterrasse, hinter der sich in einem flachen Halbrund fächerförmig das *Nymphäum* öffnet, ein kleines Theater mit einem kreisrunden Schwimmbecken davor. Die hier gefundene Marmorstatue der Sosandra steht im Nationalmuseum von Neapel. Weitere Terrassen mit großen rechteckigen Schwimmbassins sind um das Nymphäum herum gruppiert.

Ein Korridor führt zum *Tempio di Mercurio*, der jedoch zur Römerzeit ein Badesaal war. Der kreisrunde Bau mit seiner Kuppel (mit kreisförmiger Licht-

1

Seite 61

öffnung im Scheitel) erinnert an das Pantheon in Rom.

Außerhalb des umfriedeten Bereichs steht der *Tempio di Venere*. Die achteckigen Außenwände sind mittlerweile dekorativ überwachsen, die Kuppel, die den runden Innenraum überwölbte, ist leider eingestürzt.

Nur 3 km trennen Baia vom nächsten Küstenort **Bacoli** (24 800 Einw.), der sich malerisch in einer Mulde zwischen kleinen Kaps und dem Lago di Miseno ausbreitet. Zur Zeit der Römer hieß der Ort Bauli und war gleichfalls als aristokratisches Villenplätzchen berühmt.

*In der schwefeligen Höllenküche der Solfatara*

Von der größten und prächtigsten Villa ist nur noch ein monumentales zweistöckiges und in viele Kammern aufgeteiltes Wasserreservoir erhalten, die sogenannten * *Cento Camerelle* (Wärter in der Via Cento Camerelle 165, erwartet Trinkgeld!).

*Das Kastell aus dem 16. Jh. überragt den Hafen Baias*

Die Hauptattraktion Bacolis ist jedoch die ** *Piscina Mirabile* (am Südausgang des Ortes; Wärter in der Via A. Greco). Sie war die größte Zisterne des gesamten römischen Imperiums und hatte die Aufgabe, die am Capo Miseno liegende Kriegsflotte zu versorgen. Über zwei Treppen gelangt man in das phantastisch anmutende Gewölbe, das von schräg einfallendem Licht erhellt wird. Die Zisterne ist in 13 große „Schiffe" aufgeteilt, die von 48 Pilastern gestützt werden. Das Wasser wurde auf Aquädukten und durch Tunnels aus 65 km Entfernung herbeigeleitet; 12 000 m³ vermochte die Anlage zu fassen.

Ⓡ **La Misenetta,** Via Lungolago 2, ☏ 081/5234169. Speisen im eleganten Ambiente; hier ist ein Haubenkoch am Werk. Ⓢ

*Vom einstigen Reichtum Baias zeugen die antiken Thermen*

Eine schmale Deichstraße führt zwischen dem Meer und dem Lago di Miseno (auch Mare Morto, „Totes Meer" genannt) zum

Seite 61

**Capo Miseno**, dem Südausläufer des Kratergebietes. Das Vorgebirge hat die Form eines Kegelstumpfes oder einer abgeschnittenen Pyramide; die Griechen Cumaes hielten es für die Grabstätte des Odysseus.

Bereits zur Zeit der griechischen Siedler wurde das Doppelbecken am Capo Miseno als Hafen genutzt, eine Tradition, die die Römer fortsetzten, indem sie hier einen ihrer größten Flottenstützpunkte einrichteten.

Vom kleinen Badeort *Miseno* aus – auch dieser bereits eine römische Siedlung, die Reste eines Theaters zeugen davon – kann man in einem 20minütigen Spaziergang das Gipfelplateau des

**Monte Miseno** besteigen. Von oben bietet sich ein ebenso ungewöhnlicher wie faszinierender Ausblick über die zahlreichen Buchten, Lagunen und Meerengen, die Kraterlandschaft der Campi Flegrei, die Golfe von Gaeta, Pozzuoli und Neapel, die nahen Inseln Procida und Ischia und das entferntere Capri. Um das Panorama voll genießen zu können, muß man den flachen Gipfel „abwandern".

Die Route führt weiter nach *Torregaveta* und von hier um den *Lago di Fusaro* herum, einen weiteren Lagunensee, in dessen schwach salzigem Gewässer Muschelzucht betrieben wird.

Nach wenigen Kilometern erreicht man nun das Ausgrabungsgelände von ** **Cumae.** Es handelt sich um ein relativ ausgedehntes Areal, auf dem sowohl griechische wie römische Ruinen zu sehen sind. Die griechischen Reste konzentrieren sich um die Akropolis, die sich auf einem 80 m hohen Felsen nahe dem Strand erhebt. Dieser Teil Cumaes ist eingefriedet (🕓 9–18 Uhr im Sommer, 9–15 Uhr im Winter, tgl. außer Mo).

Cumae, griechisch Kyme, ist die älteste Siedlung griechischer Kolonialisten auf dem italienischen Festland. Es entstand im 8. Jh. v. Chr. und entwickelte sich rasch zur Blüte. Die Cumäer gründeten Neapel und zahlreiche weitere Siedlungen in der Golfregion.

Lange Zeit konnten sie sich erfolgreich dem Angriff der Etrusker und der italischen Bergvölker widersetzen, doch dem Ansturm der so kriegstüchtigen Römer im 3. Jh. v. Chr. waren sie nicht gewachsen. Die Cumäer wurden in der Folgezeit Bürger des Imperiums, ihre hochentwickelte Kultur wurde in römische Dienste genommen.

Nach dem Untergang des Imperiums war Cumae zahlreichen Verwüstungen durch Germanen, Sarazenen und Piraten ausgesetzt; seit etwa tausend Jahren ist der Ort verlassen. Systematische Ausgrabungen nahmen um die Mitte des 19. Jahrhunderts ihren Anfang und dauern bis heute an.

Vom Capo Miseno kommend, sieht man als erstes rechts der Straße die Arkadenbogen eines römischen *Amphitheaters* aus dem 1. Jh. v. Chr. Die Arena ist überwachsen. Etwa 300 m weiter geht es links ab zur ** *Akropolis,* der eigentlichen griechischen Siedlung.

Gleich links hinter dem Eingang kommt man zur Hauptattraktion, dem ** *Antro di Sibilla* (Sibyllengrotte): einem 130 m langen, in den Tuff gehauenen Gang mit trapezförmigem Querschnitt. Das in regelmäßigen Abschnitten seitlich einfallende Licht gibt dem Gebilde einen überaus magischen Charakter.

Der Gang endet in einem rechteckigen Raum mit gewölbter Decke und drei rundbogigen Nischen: Hier war der legendäre „Orakelraum", das Heiligtum der cumäischen Sibylle, deren Weissagungen für das gesamte Altertum als schicksalhaft galten. Die Sibylle selbst saß unsichtbar in einem Nebenraum (links), der mit Holztüren zu verschließen war.

Rechts neben dem Eingang zur Sibyllengrotte führt eine Treppe in die schluchtartige *Cripta Romana,* einen 180 m langen Tunnel aus römischer Zeit, wahrscheinlich eine Verlängerung

1

Seite 61

## Warum die Griechen Griechen heißen

Hellas lautete der antike Name für Griechenland, und seine Bewohner wurden, auch noch von Homer, als Hellenen bezeichnet. Die Römer aber nannten sie bereits „graeci", wovon sich die deutsche Bezeichnung „Griechen" herleitet. Der dann in viele Sprachen übernomme Begriff hat aber seine Wurzeln hier in Cumae. Denn die Siedler, die aus Hellas hierherkamen und Cumae gründeten, waren zum großen Teil Angehörige des Stammes der „Graikoi". Da aber die cumaäischen Hellenen – oder eben Graikoi – die ersten waren, mit denen die latinischen Völker in engeren Kontakt traten, nannten sie in der Folge auch alle anderen Hellenen „graeci" – Griechen.

der zum Averno-See führenden Grotta di Cocceio (s. S. 62).

Wieder ans Licht getreten, wandert man über die Via Sacra zur eigentlichen Akropolis hinauf. Zwei Tempelanlagen bilden die wesentlichen Überreste: rechts der Stufensockel eines griechischen *Apollon-Tempels;* oben auf der Gipfelterrasse die Anlage eines *Jupiter-Tempels.* Was heute hier noch zu sehen ist, besteht jedoch aus einer schwer unterscheidbaren Mischung von Resten eines griechischen Tempels, eines darüber erbauten römischen Tempels und einer wiederum darüber errichteten frühchristlichen Basilika. Der wunderschöne Blick, der vom Capo Miseno im Süden bis zum Vorgebirge von Gaeta im Norden reicht, vollendet die phantastische Wirkung dieses antiken Ortes, von dem die Geschichte der Golfregion ihren Ausgang nahm.

*Ein Ort der Magie: die Grotten der Sibylle von Cumae*

Nach dem Besuch der Akropolis schlägt man die etwas südlich (rechts) gelegene Via Domitiana ein, um kurz darauf einen römischen Viadukt, den * *Arco Felice,* zu unterqueren und dabei noch einmal die überragenden Ingenieurskünste der Antike zu bewundern. Die Straße hat hier stellenweise ihre antike Pflasterung bewahrt. Wenig später stößt die Via Domitiana auf die Staatsstraße 7quater, die der Trasse der antiken Via Appia zurück nach Neapel folgt. Wer es eilig hat, fährt beim Zubringer Pozzuoli auf der Autostrada nach

**Neapel** (54km, s. S. 24).

*Römische Ingenieurskunst: der Aquädukt Arco Felice*

# Route 2

2

Seite 67

## Versunkene Städte am Fuße des Vulkans

*** Neapel – Vesuv – *** Herkulaneum – *** Pompeji (21 km)

**Gleichförmig rattern die merkwürdig hochachsigen Waggons der „Circumvesuviana"-Bahn dahin. Sie ist vollbesetzt mit eher resigniert dreinblickenden Neapolitanern, die in das dichtbesiedelte Einzugsgebiet von Neapel fahren – vielleicht zur Arbeit in einer der von der Camorra beherrschten Werkstätten, an einen der illegalen Bauplätze oder zum Unterricht in eine der baufälligen Schulen. Portici, Torre del Greco, Torre Annunziata – endlos zieht sich das häßliche Häusermeer im Süden der Stadt dahin. Endlich aber wird es lichter entlang der Bahnlinie, und mit einem Mal liegt er vor uns, zum Greifen nah mit seinem weichen, dicht überwachsenen Rücken: der Vesuv, den die antiken Bewohner von Pompeji und Herkulaneum so sehr liebten wegen seiner ungeheuren Fruchtbarkeit, der sie ihren Reichtum verdankten – nicht ahnend, daß derselbe Berg einmal Tod und Verderben über sie schütten würde.**

Der Vesuv und die beiden unter der Asche versunkenen und wieder ausgegrabenen antiken Städte sind das Ziel dieser Route. Für die Besichtigung der beiden Ruinenstädte sollte man einen ganzen Tag veranschlagen. Wer auch zum Vesuvkrater hinauffahren will, muß einem halben Tag mehr rechnen.

### Der Vesuv und seine Geschichte

Aus vorchristlicher Zeit ist uns nur sehr wenig über den Vesuv bekannt. Man nimmt an, daß dem Ausbruch vom Jahr 79 n. Chr. eine Jahrtausende währende Ruhepause vorausging. Die Bewohner von Pompeji und Herkulaneum hatten keine Ahnung von der wahren Gefährlichkeit des Berges. An seinen Hängen wucherten Wein und Olivenbäume, der Krater war eine baumbewachsene Mulde.

Die Katastrophe begann am 24. August und dauerte, nach der Beschreibung von Plinius dem Jüngeren, drei Tage. Steine, glühende Asche und giftige Schwefeldämpfe gingen über *Pompeji* hernieder. Ein Fünftel der Bevölkerung, etwa 5000 Menschen, kam dabei ums Leben, darunter der berühmte Geschichtsschreiber Plinius der Ältere. Die übrigen Pompejaner konnten sich zwar retten, doch hatten sie all ihr Hab und Gut verloren, denn Pompeji war von einer 7 m dicken Schlackenschicht bedeckt. Kurz darauf wurde auch *Herkulaneum* von dem Unheil erfaßt. Es versank nicht in Asche, sondern wurde unter einer Lawine aus Schlamm, Erde und halberkalteter Lava begraben. Unter dieser Schicht haben sich sogar verderbliche Materialien wie Holz und Nahrungsmittel fast unversehrt erhalten. Da der Schlammstrom sich viel langsamer über Herkulaneum ergoß als die glühende Asche über Pompeji, forderte der Ausbruch des Vesuvs hier kaum Menschenleben.

Danach gönnte sich der Vulkan wiederum eine Pause; der nächste Ausbruch erfolgte im Jahr 203, ein weiterer 473, bei dem der Aschenregen selbst Konstantinopel erreichte. Abgesehen von kleineren Eruptionen verhielt sich der Berg in den folgenden Jahrhunderten verhältnismäßig friedlich, bis 1631 wiederum eine Katastrophe eintrat, der 3000 Menschen zum Opfer fielen. Der letzte Ausbruch ereignete sich im März 1944, als rundum der Zweite Weltkrieg tobte. Danach entstieg dem Gipfel ein paar Jahre lang nur noch jene berühmte dünne weiße Rauchfahne, bis Ende der 50er Jahre auch diese schließlich erlosch.

2

Seite
67

Die Höhe des Vesuvs hat sich mit jedem Ausbruch geändert, die Unterschiede betrugen teils bis zu 200 m. Heute ist der Vulkan 1277 m hoch. Er besitzt im übrigen nicht nur einen, sondern zwei Gipfel, denn er ist ein typischer Vertreter der Doppelvulkane: den eigentlichen *Vesuvio*, die höchste Erhebung, und den etwas niedrigeren *Monte Somma* (1132 m). Der Vesuv ist heute der am besten erforschte Vulkan der Erde. Feinste seismographische Geräte registrieren selbst die kleinsten Veränderungen. Den Vulkanologen zufolge ist der Vesuv nicht erloschen, mit einem weiteren Ausbruch muß früher oder später gerechnet werden. Und tatsächlich reagierte während des letzten größeren Ätna-Ausbruchs auf Sizilien im Jahr 1992 auch der Vesuv wiederum mit leicht gesteigerter „Nervosität".

**Anfahrt zum Krater** (18 km): Ausgangspunkt für eine Besichtigung des Kraters ist die Stadt *Ercolano*. Kurz nach der Ausfahrt der A3 biegt links die Straße zum Vesuvgipfel ab. Sie steigt sofort bergan und windet sich zwischen Oliven und Weinreben den

*Die Ruhe kann trügen: am Kraterrand des Vesuv*

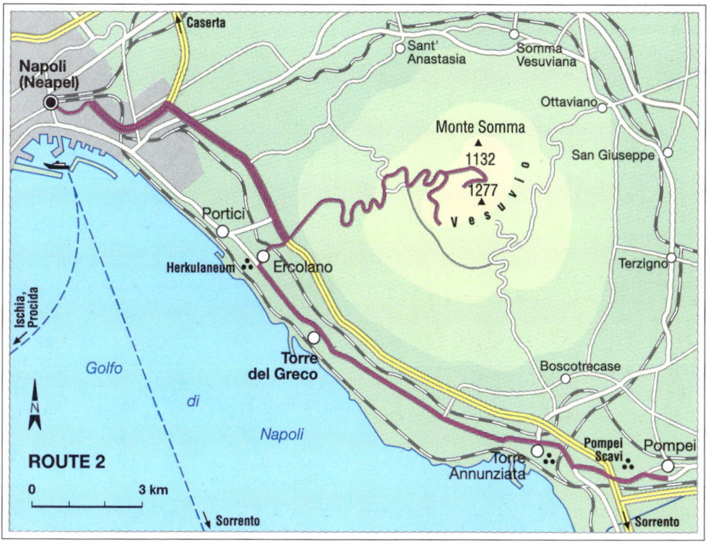

## Herkulaneum – Konservierter Alltag

Bevor Herkulaneum römisch wurde, war es eine griechische Siedlung. Der Legende nach soll Herakles sie gegründet haben, weshalb sie den Namen Herakleion trug. Danach besetzten die Osker die Stadt (im 5. Jh. v. Chr.), ein samnitischer Volksstamm aus dem südlichen Apennin, der jedoch längst unter dem Einfluß der griechischen Kolonialisten stand. Die Legionen des römischen Konsuls Sulla eroberten die Stadt sodann im Jahr 89 v. Chr., und Herkulaneum mauserte sich zu einem beliebten Feriendomizil der römischen Patrizier. Doch war Herkulaneum ebensowenig wie Pompeji ein reiner Urlaubsort, sondern vielmehr eine lebendige, ganzjährig bewohnte Stadt mit etwa 5000 Einwohnern.

Nach dem Vesuvausbruch 79 n. Chr. geriet Herkulaneum völlig in Vergessenheit. 1709 stieß man erstmals auf Überreste; systematische Ausgrabungen wurden jedoch erst 1927 in Angriff genommen. Keine andere Ruinenstadt (auch nicht Pompeji) ist so gut erhalten wie diese, und nirgendwo kann man sich den Alltag der alten Römer besser vergegenwärtigen als hier.

Zu verdanken ist dies der gänzlich undurchlässigen Lava-Schlamm-Schicht, die Herkulaneum fast 2000 Jahre lang vor allen zersetzenden Umwelteinflüssen schützte. Die Schicht hatte sich zu einer Art Tuff verhärtet, so daß Herkulaneum mehr „ausgestochen" als ausgegraben werden mußte. Bis heute ist weniger als die Hälfte der Stadt freigelegt; vor allem im Norden und Nordwesten liegen weite Bereiche noch unter dem modernen Ort Ercolano begraben.

2
Seite 67

Berg hinauf. Hier wächst der weithin berühmte Dessertwein „Lacrimae Cristi" (Die Tränen Christi). Nach einigen Kilometern gelangt man zum *Osservatorio Vesuviano,* einem klassizistischen Bau, in dem die Tätigkeit des Vesuvs überwacht wird. Der Weg zum Vesuv ist ausgeschildert. Unterhalb des Kraters gibt es einen großen Parkplatz, von dem aus der Rand des Kraters zu Fuß zu erreichen ist.

Die Bergstraße zurück führt direkt in den modernen Ort *Ercolano.* Er liegt im wörtlichen Sinne „über" den Ausgrabungen des antiken

### *** Herkulaneum.

Der Eingang zum archäologischen Gelände ist über die Via Ercolano, die Hauptstraße des Ortes, nicht schwer zu finden (🕓 9 Uhr bis Sonnenuntergang). Die Ruinenstadt wird von einem Netz rechtwinklig sich kreuzender Straßen durchzogen. Die drei von Nord nach Süd parallellaufenden Hauptstraßen werden *Cardines* genannt (Cardo III, IV und V; die Cardines I und II sind noch nicht ausgegraben), die beiden Querstraßen heißen *Decumano Inferiore* und *Decumano Massimo-Foro;* die angrenzenden Häuserblocks bezeichnet man als *Insulae.* Für eine detaillierte Besichtigung sollte man sich mit einem der gedruckten Führer versehen, die am Eingang in mehreren Sprachen zum Verkauf ausliegen. Hier wird nur auf die wichtigsten Häuser *(case)* aufmerksam gemacht.

Im Cardo IV steht die * **Casa dell'Atrio a mosaico**, die eine Reihe von reich ausgeschmückten Wohnräumen und in ihrem Atrium einen dekorativen Mosaikfußboden bewahrt. Ebenfalls im Cardo IV kann man die * **Casa del Tramezzo di legno**, das Haus mit der hölzernen Scheidewand, bewundern, eines der am besten erhaltenen Wohnhäuser der Antike.

Jenseits des Decumano Inferiore liegen die * **Thermen** aus dem Jahr 10 v. Chr.

2

Seite 67

Das antike Badehaus ist aufgeteilt in ein Männer- und ein Frauenbad und nach dem typischen Muster errichtet: Einem Umkleideraum (mit Marmorsesseln an den Wänden) sind das Frigidarium (Kaltwasserbad), das Tepidarium (Warmwasserbad) und ein Waschraum angegliedert. Stuckverzierungen, Mosaikböden und Wandbemalungen verliehen den Thermen ein elegantes Ambiente.

*Das römische Herkulaneum und die moderne Stadt Ercolano*

An der Ecke Cardo IV und Decumano Inferiore stößt man auf die * **Casa Sannitica**, eines der ältesten Häuser noch aus vorrömischer (samnitischer) Zeit. Zwei Eingänge weiter ist in der ebenfalls vorrömischen **Casa del mobilio carbonizzato** (Haus mit den verkohlten Möbeln) unter anderem antikes Eßgeschirr zu bewundern.

*Die Casa Sannitica zählt zu den ältesten Villen Herkulaneums*

Es folgt die zweistöckige, sehr gut erhaltene * **Casa del Nettuno**, die einem reichen Weinhändler gehörte; sein Laden lag im Erdgeschoß des Hauses, wo man noch heute die für den Verkauf nötigen Gerätschaften besichtigen

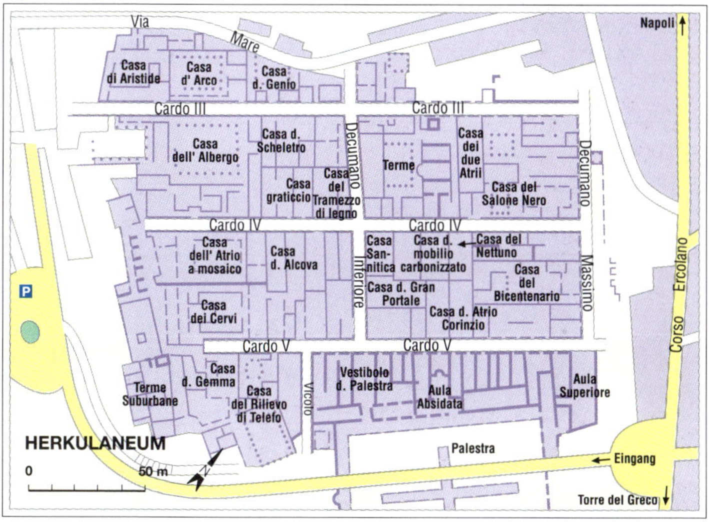

2

Seite 67

kann. Das Innere des Hauses wartet mit einer besonders schönen Mosaik- und Freskoausschmückung auf.

An der Querstraße Decumano Massimo angelangt, biegt man nach rechts ab und steht vor der ***Casa del Bicentenario**. Diese Villa ist wohl das vornehmste Haus am Ort, geschmückt mit eleganten Mosaiken, Fresken und Marmorböden. In einem kleinen Raum im ersten Stock ist ein Kruzifix an die Wand gemalt; hier wurde der vermutlich älteste christliche Kultraum entdeckt.

Im Cardo V ist die ausgedehnte ***Casa dei Cervi** zu bewundern, eines der am reichsten ausgestatteten Wohnhäuser Herkulaneums. Seinen Namen (Haus der Hirsche) verdankt es einer einzigartigen Skulpturengruppe mit von Hunden gehetzten Hirschen *(cervi)*.

Die wertvollsten Teile des Mosaiks sind herausgelöst und ins Archäologische Nationalmuseum nach Neapel (s. S. 33) überführt worden. Eine Statue des trunkenen Herkules, ein „Satyr mit Weinschlauch" sowie die spielerisch-eleganten Wandmalereien sind jedoch im Haus selbst noch zu besichtigen.

Die ***Casa del Rilievo di Telefo**, die einst zu den großen, reich ausgestatteten Herrschaftshäusern des Ortes gehörte, ist nicht gut erhalten. Sie bewahrt jedoch wunderschöne Marmordekorationen und ein Telephos-Relief, das die Mythen von Orest und Telephos, dem Sohn Herakles', darstellt.

Am Ende des Cardo V liegen die ***Terme suburbane**, ein Badehaus mit einem schönen Portal, durch das man in die Baderäume hinuntersteigt.

Zu den bedeutendsten Funden gehört auch die **Villa dei Papiri**, die außerhalb der Ruinenstadt steht und für Besucher nicht zugänglich ist. Hier wurde eine wertvolle Bibliothek ausgegraben, die heute, neben den anderen Schätzen aus Herkulaneum und Pompeji (außer antiken Gegenständen vor allem abgelöste Fresken und Mosaike), im Nationalmuseum von Neapel zu sehen ist (s. S. 33).

Die Route folgt nun der Küste entlang nach Süden. Die Strecke ist heute weitgehend zugebaut. Nur wenig erinnert an die berühmte *miglia d'oro*, die goldene Meile des 18. Jhs., als der Adel sich hier seine Ferienvillen erbauen ließ. Die einst berühmten Vesuvvillen sind heute jedoch meist in einem verwahrlosten Zustand.

**Torre del Greco** wurde im Lauf seiner Geschichte von den Lavaströmen des Vesuvs mehrfach zerstört. Berühmtheit genießt es wegen seiner traditionellen Korallenverarbeitung, die immer noch floriert. Die Rohkorallen stammen inzwischen aber nicht mehr aus dem Golf, sondern kommen aus weit abgelegenen Meeren. Die wenigen im Mittelmeer verbliebenen Korallen sind streng geschützt. In einem kleinen *Korallenmuseum* (Museo del Corallo, Piazza Palomba, ◷ werktags 9–13 Uhr) kann man die Kunstfertigkeit der hiesigen Korallenschnitzer bestaunen.

**Torre Annunziata** ist ein Industrieort, in dem viele Neapolitaner (Schwarz-) Arbeit gefunden haben. Bei Torre Annunziata erstreckt sich der traditionelle *Volksbadestrand* der Neapolitaner. Seit 1967 wird im Südosten der Stadt eine zu Pompeji gehörende römische Kaiservilla ausgegraben, in der sich ein monumentaler Freskenzyklus erhalten hat: die äußerst luxuriöse ****Villa Oplontis**, mit insgesamt 37 Räumen, einem Atrium, Innenhöfen und Gärten. Eine schöne, von Statuen umstandene riesige Schwimmbeckenanlage vor der Villa lud die einstigen Bewohner zu sommerlichen Erfrischungsbädern ein (Besichtigung mit Führung 9–13 und 15–18.30 Uhr).

Kurz hinter Torre Annunziata gelangt man zum Ausgrabungsgelände von

## ***Pompeji (Pompei Scavi).

Die ältesten Funde Pompejis reichen ins 6. Jh. v. Chr. zurück. Der hier ursprünglich siedelnde italische Volksstamm geriet jedoch schon bald unter die Herrschaft der Griechen von Cumae

## Jäger, Sammler und Archäologen

Die Wiederentdeckung Pompejis erfolgte um 1600, doch richteten die ersten Archäologen Schaden dadurch an, daß ihr Interesse nicht der Freilegung der Stadt galt, sondern hauptsächlich der Bergung der begehrten Antiquitäten. Die ausgegrabenen Häuser wurden danach oft einfach wieder zugeschüttet. Die kostbaren Vasen, Statuen und Fresken hingegen wanderten in die Sammlungen der Fürstenhäuser, die später als Vermächtnisse nach und nach dem Nationalmuseum von Neapel zugingen, wo heute die wichtigsten Kunstwerke zu besichtigen sind (s. S. 33). Erst bei den *Scavi Nuovi* (neuen Ausgrabungen, seit 1911) beschloß man, die Funde an Ort und Stelle zu belassen. Dieser Teil der Ausgrabungen ist deshalb besonders faszinierend, da er ein vollständiges Bild des verschütteten Pompeji wiederzugeben vermag.

2

Seite 67

und Neapolis. Eine Reihe von Bauten zeugt stilistisch von dieser vorrömischen Siedlungszeit. Seine heute zu besichtigende Prägung erhielt Pompeji jedoch vorrangig zur Zeit der Römer, die die Stadt im Jahr 89 v. Chr. (unter der Herrschaft ihres siegreichen Konsuls Sulla) eroberten.

*Mosaik in der Casa del Nettuno in Herkulaneum*

Pompeji war eine ausgesprochen reiche Stadt, ein Villenort der wohlhabenden Römer, jedoch ganzjährig bewohnt und im Besitz eigener Industrie. Quellen seines Reichtums waren die fruchtbaren Hänge des Vesuvs und das Meer.

Handelsartikel der vornehmlich vom Export lebenden Stadt waren Wein, Olivenöl, Rosenessenz, allen voran jedoch Textilien aus Schafwolle sowie Fischkonserven, die in Amphoren eingemacht wurden. Ein Großteil der Arbeit lag in den Händen von Sklaven, die immerhin 40 % der Bevölkerung stellten. In antiken Zeiten war Pompeji Hafenstadt und lag direkt am Meer (heute ist das Meer durch die fortschreitende Versandung 2 km entfernt).

*Vom Aschenregen überrascht – im Antiquarium von Pompeji*

Der Katastrophe von 79 n. Chr. ging im Jahr 62 ein Erdbeben voraus, das nicht geringe Zerstörung hinterließ. An vielen Stellen befand sich Pompeji, als der Vulkan ausbrach, noch im Wieder- auf- bzw. Umbau; denn die

2

Seite 67

reichen Pompejaner nahmen die Beschädigungen durch das Erdbeben zum Anlaß, ihre Stadt noch prächtiger zu gestalten.

Nach der Katastrophe im Jahr 79 versank Pompeji für anderthalb Jahrtausende in Vergessenheit.

Pompeji als Stadt bleibt trotz des an ihr betriebenen Raubbaus einzigartig. Zu danken ist dies nicht nur den immer noch zahlreich verbliebenen Mosaiken und Wandmalereien, sondern der bestens erhaltenen urbanen Struktur. Wie in den heutigen italienischen Städten auch gibt es eine „Piazza“ (Forum) mit Kirche (Apollo-Tempel) und Rathaus (Curiae), Markthalle (Macellum), Börse und Gerichtsgebäude (Basilika). Man kannte bereits die Einrichtung der Fußgängerzone (das Forum war für Fahrzeuge gesperrt), Bürgersteige und Trittpflaster zur Überquerung der Straßen. Graffiti illustrierten die Wände, wohin man nur sah: heilige, obszöne, informative und vergängliche. Ebenso sorgten Hotels, Garküchen (Thermopolia) und ein „Strich“ mit Bordell (Lupanara) für sämtliche Bedürfnisse.

Das Ausgrabungsgelände ist ungeheuer reich an sehenswerten Häusern und Villen, von denen hier nur die wichtigsten erwähnt werden. Am Eingang liegen Führer in mehreren Sprachen zum Verkauf aus. Der Rundgang erfordert in jedem Falle mehrere Stunden (🕓 9 Uhr bis Sonnenuntergang).

Beim Haupteingang, der Porta Marina, beginnt die Via Marina. Sie mündet auf dem * **Forum** (A), dem politischen, religiösen und wirtschaftlichen Zentrum Pompejis und zugleich Kernstück des ältesten Stadtteils. Schon in der Antike bezauberte der Blick bis zum Vesuv von diesem langgestreckten Platz, der ursprünglich an drei Seiten von überdachten Säulenkolonnaden umgeben war. Die wichtigsten öffentlichen Gebäude grenzen daran: Links öffnet sich der * **Apollotempel** (B), das größte Heiligtum der Stadt, das bereits im 6. Jh. v. Chr. gegründet und unter römischer Herrschaft stark verändert wurde. Dem Tempel gegenüber liegt die * **Basilika** (C), ehemals Börse und Gerichtsgebäude (2. Jh. v. Chr.).

Der größte ans Forum angrenzende Komplex ist der * **Bau der Eumachia** (D) mit Säulenportikus und einem imposanten reliefgeschmückten Portal. Das Gebäude war Sitz der Tuchhändler, der wichtigsten und wohlhabendsten Zunft Pompejis.

Es folgt der **Vespasianstempel** (E), ein dem Kaiserkult geweihtes Gebäude. Direkt benachbart liegt das * **Macellum** (F), die Markthalle. Von den einst alle Innenwände bedeckenden Fresken ist nur noch ein Stück erhalten. Auf einem Fries ist dargestellt, was hier früher verkauft wurde: Fisch, Geflügel, in Amphoren Eingelegtes. An der nördlichen Schmalseite wird das Forum vom

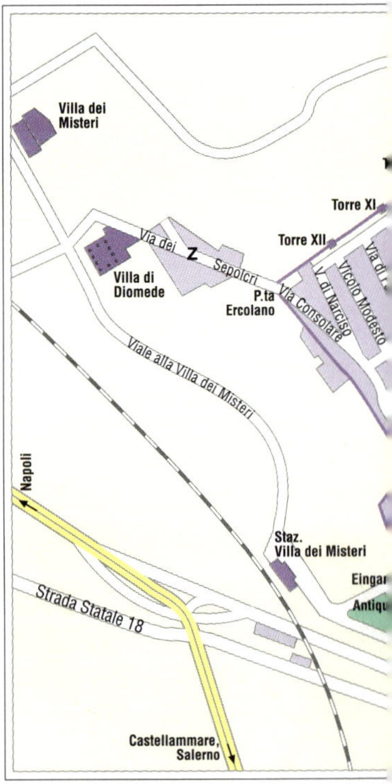

*** Jupitertempel** (G) abgeschlossen, der vom Erdbeben 62 n. Chr. stark beschädigt worden war und sich zur Zeit der Katastrophe 79 noch im Wiederaufbau befand.

Auf der Via degli Augustali erreicht man das *** Lupanar** (H), Pompejis Freudenhaus. Wegen seiner erotischen Darstellungen und obszönen Graffiti durften es bis vor einigen Jahren nur Männer besichtigen, inzwischen werden auch Frauen eingelassen. Es ist jedoch weit weniger schockierend, als man meinen möchte. Das Haus ist in kleine Zimmer eingeteilt, über deren Türen kleine Fresken auf die zu erwartenden Liebesdienste einstimmen sollten.

An der Via dell'Abbondanza trifft man auf die *** Stabianer Thermen** (I). Diese größte und älteste Badeanstalt der Stadt, in der Männer und Frauen ge-

A Forum
B Tempel des Apollo
C Basilika
D Bau der Eumachia
E Tempel des Vespasian
F Macellum
G Jupitertempel
H Lupanar
I Stabianer Thermen
J Foro Triangolare
K samnitische Palästra
L Isistempel
M Odeon
N Teatro Grande
O Casa di Menandro
P Fassadenmalereien einer Wollweberei
Q Casa di Loreius Tiburtinus
R Casa di Venere
S Casa del Centenario
T Casa di Lucretius Frontone
U Casa delle Nozze d'Argento
V Casa dei Vetti
W Casa del Labirinto
X Casa del Fauno
Y Casa del Poeta Tragico
Z Via dei Sepolcri

2
Seite 67

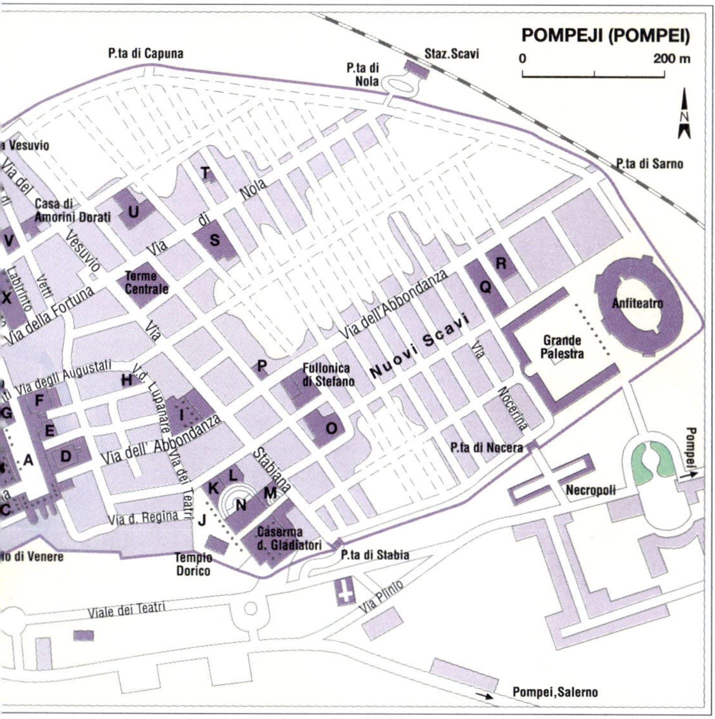

2
Seite 67

## Die vier Stile

Die eigentliche Blütezeit der Stadt dauerte zwar nicht länger als ca. 160 Jahre; trotzdem unterscheidet man vier aufeinanderfolgende pompejische Stile und Moden: Zum *ersten Stil* (bis 80 v. Chr., vorrömische Zeit) werden plastische Wanddekorationen, Stuckarbeiten und Mosaike gerechnet, die meist ohne figürliche Darstellung sind. Der *zweite Stil* (bis 20 v. Chr.) bringt eine perspektivisch-illusionistische Gestaltung der Wandmalerei und große Freskenzyklen wie in der Villa dei Misteri. Mit dem *dritten Stil* (bis 50 n. Chr.) treten Landschaftsbilder und mythische Darstellungen an die Stelle architektonischer Perspektiven. Manieristische, räumlich-illusionistische Wandmalerei mit Fabelwesen und dekorativen Girlanden gewinnen mit dem *vierten Stil* wieder die Oberhand (ab 50 n. Chr.). Allen vier Stilepochen gemein ist die Verwendung des weithin berühmten pompejischen Rots.

trennt badeten, war großzügig ausgestattet und besaß sogar ein Schwimmbecken unter freiem Himmel.

Besonders sehenswert sind die Stuckarbeiten und Malereien (im vierten Stil) im Männerbad. Wie alle Thermen besitzen auch diese mehrere verschiedene Baderäume (Kalt- und Warmwasserbäder, Umkleideräume, Ruheräume u. a.) und zeugen damit von der hochentwickelten Badekultur der Römer. Die Thermen waren im übrigen beheizt: Durch die eingestürzten Fußböden kann man in die Heißluftkammern blicken.

Am Ende der Via dei Teatri erstreckt sich das ***Foro Triangolare** (J). Dieser Komplex ist einer der eindrucksvollsten Orte der Ruinenstadt. Der schöne friedliche Platz diente schon in vorrömischer Zeit als Kultstätte. Im südlichen Teil des Forums stand ein griechischer Tempel aus dem 6. Jh. v. Chr., von dem noch Säulen und einige Kapitelle erhalten sind, sowie ein Brunnenhaus (2. Jh. v. Chr.). Die vier Säulen am nördlichen Ende, das *Propyläum*, stammt hingegen aus römischer Zeit.

Rechts daneben sieht man den kleinen Säulenhof einer **samnitischen Palästra** (K). Hier wurde die vornehme Jugend Pompejis erzogen. Nach dem Erdbeben von 62 entstand auf einem Teil der Palästra ein ***Isistempel** (L), ein gut erhaltener kleiner Kultraum auf hohem Podium: Der ägyptische Isiskult war in Pompeji hochangesehen. Ein kleiner stuckverzierter Bau im Inneren führt zu einem unterirdischen Becken hinab, in dem Weihwasser aus dem Nil aufbewahrt wurde. Die in den anschließenden Priesterräumen gefundenen Fresken wurden ins Nationalmuseum nach Neapel überführt. Inmitten des Gebäudekomplexes lagen zwei Theater. Man betritt zunächst das kleinere, das sogenannte ***Odeon** oder **Teatro Piccolo** (M). Es wurde um das Jahr 80 v. Chr. erbaut und faßte etwa 1000 Zuschauer. Die Stufen des Halbrunds sind fast vollständig erhalten.

Das anschließende, 220 v. Chr. im griechisch-hellenistischen Stil errichtete ***Teatro Grande** (N) bot 5000 Zuschauern Platz und diente u. a. für Gladiatorenkämpfe. In der Orchestra, dem der Bühne vorgelagerten Boden, waren Becken eingelassen, so daß das Theater zeitweise geflutet werden konnte.

Weiter östlich erreicht man mit der ***Casa di Menandro** (O) eines der repräsentativsten Häuser von Pompeji, ausgestattet mit allem, was ein herrschaftliches Stadthaus zu bieten hatte. Es war über 300 Jahre hinweg bewohnt und mehrfach umgebaut worden, wie die hervorragenden Malereien im zweiten und vierten Stil beweisen. Das kleine, stuck- und mosaikverzierte Privatbad hat die Jahrhunderte gut überstanden.

Die ***Via dell'Abbondanza** zieht sich vom Forum bis ans Ende des Ausgrabungsareals. Sie war die Hauptgeschäftsstraße von Pompeji mit Handwerksläden, Garküchen, Schankstuben, Webereien, Färbereien, Bädern und vielem mehr. In das schwarze Basaltpflaster sind in Abständen Trittsteine eingelassen, damit die Fußgänger trokkenen Fußes über die Straße kamen.

In einer Seitenstraße der Via dell'Abbondanza entdeckt man unter Schutzdächern Fassadenmalereien einer **Wollweberei** (P), u.a. ist die Venus Pompeiana dargestellt, deren Wagen von vier Elefanten gezogen wird.

Eines der größten Anwesen Pompejis ist die ***Casa di Loreius Tiburtinus** (Q). Beim Anblick des herrlichen Gartens mit Portikus, Pergola und einem Kanal mit Brückchen und Statuetten zur Seite wird der Luxus vergangener Zeiten wieder lebendig. Gleich daneben kann die **Casa di Venere** (R) mit der ein-

*Das Odeon von Pompeji bot einst 1000 Zuschauern Platz*



Seite 67

## Die Katastrophe des Jahres 79 n. Chr.

Es begann mit einem heftigen Erdstoß am späten Vormittag des 24. Augusts. Es war Ferienzeit, Pompeji war „ausgebucht". Wenig später sahen die erschrockenen Pompejaner, wie eine riesige dunkle Wolke aus dem Vesuv emporschoß und rasch die Form einer Pinie annahm. Der Himmel wurde schwarz, ein Geruch nach Brand und Schwefel machte sich breit, und kurz darauf begann es, glühendheiße Asche und Steine zu regnen.

Das Sterben dauerte Stunden und Tage. Als der Aschen- und Steinregen stärker wurde, wußten die Menschen nicht, ob sie besser im Haus bleiben oder das Weite suchen sollten. Manche banden sich Kissen über den Kopf und liefen zum Strand. Doch auch hier gab es kein Entkommen, denn das Meer war zu aufgewühlt, um den Fluchtversuch per Schiff zu gestatten, und viele erlagen dem Erstickungstod durch die giftigen Schwefeldämpfe. Diejenigen, die in den Häusern und Kellern geblieben waren, ereilte ein um so sichereres Ende, denn alsbald waren Straßen und Höfe gänzlich zugeschüttet. Ihre Körper hinterließen Hohlräume in der Lavaschicht, die von dem erfindungsreichen Archäologen *Giuseppe Fiorelli* (um 1870) mit Gips ausgegossen wurden; eine Methode, die uns das Sterben der Pompejaner, Sklaven, Herren und Hunde, bis heute auf erschütternde Weise nachvollziehen läßt.

Als der Aschenregen schließlich aufhörte, war Pompeji unter einer bis zu 7 m hohen Schicht begraben. Den überlebenden Pompejanern wurde alsbald klar, daß an eine Freilegung der Stadt nicht zu denken war. Um soviel wie möglich von ihrem Hab und Gut zu retten, gruben sie sich von oben Wege durch die Aschenschicht hindurch in ihre Häuser und durchbrachen die Wände, um von einem Raum in den anderen zu gelangen. Einiges konnte so geborgen werden, doch das meiste blieb verschüttet.

2

Seite 67

drucksvollen Darstellung einer Venus in einer Muschel aus der Spätzeit Pompejis aufwarten.

In einer Mulde versteckt liegt das * *Amphitheater* Pompejis. Das Riesenstadion mit einem Fassungsvermögen von 20 000 Menschen ist das älteste erhaltene Amphitheater (um 80 v. Chr.). Der Überlieferung nach kam es hier im Jahr 59 n. Chr. zu blutigen Kämpfen zwischen den Zuschauern (ähnlich wie in den heutigen Fußballstadien). Das Amphitheater wurde daraufhin für zehn Jahre geschlossen.

Eine Reihe von berühmten pompejischen Häusern ist im Norden des Ausgrabungsgeländes zu besichtigen. Teilweise sind die kostbaren Malereien, die man darin gefunden hat, noch an Ort und Stelle zu besichtigen. Die **Casa del Centenario** (S) ist ein großes Gebäude mit zahlreichen Tier- und Landschaftsmalereien. Die **Casa di Lucretius Frontone** (T), eines der am besten erhaltenen Häuser des dritten Stils, liegt in einer Seitenstraße der Via di Nola: Medaillons mit schwebenden Erosfiguren zieren u. a. die Wände.

Noch bis auf vorrömische Zeit reicht die **Casa delle Nozze d'Argento** (U) zurück, in der Malereien des zweiten und vierten Stils zu sehen sind.

Das wohl berühmteste und meistbesuchte Haus des Ausgrabungsgeländes ist die * **Casa dei Vetti** (V). Sie stammt aus den letzten Jahrzehnten Pompejis und ist üppig mit Wandmalereien ausgestattet. Besitzer waren zwei Brüder, die durch Weinhandel zu Reichtum gekommen waren. Gleich am Eingang rechts sieht man ein pikantes kleines Fresko: ein Priapus (Fruchtbarkeitsgott) mit einem Riesenphallus, den er kaum zu halten vermag. Um das Atrium herum gruppieren sich die ausgemalten Räume: links ein in gelb gehaltener Raum, wo unter einem Fries mit Fischen und mythologischen Szenen die verlassene Ariadne sowie Hero und Leander zu erkennen sind. Im benachbarten weißen Raum faszinieren das Abbild des Zeus sowie der Leda mit dem Schwan; ein weiterer Raum ist ebenfalls mit mythologischen Wandmalereien ausgestattet. Danach betritt man das *Peristyl*, einen wunderschönen säulenumstandenen Innengarten mit Statuetten, Becken und Tischen. Der große Raum an der Schmalseite birgt die berühmtesten Motive: Auf einem schwarzen Fries sind Amoretten bei der Verrichtung verschiedener alltäglicher Arbeiten dargestellt, in der Mitte der Felder legendäre Liebespaare. Dominierend sind die Farben Pompejisch-Rot und Schwarz. Man gelangt dann in ein kleineres Peristyl mit einem weiteren reich ausgestatteten Salon dahinter. Auf großen roten Feldern führt Dädalus der Pasiphae die künstliche Kuh vor, wird Ixion seiner Freveltaten wegen von Hera an das hölzerne Rad gebunden, findet schließlich Dionysos die schlafende Ariadne. Theatermasken und Getreideflechten runden die Gemälde ab. Über das Atrium kommt man in ein kleines Nebenatrium, hinter dem die Küche lag sowie ein mit erotischen Darstellungen ausgemaltes *Venereum*.

Das Nachbarhaus, die **Casa del Labirinto** (W), stammt aus samnitischer Zeit und bewahrt Malereien des zweiten Stils und ein Bodenmosaik, auf dem Theseus und Minotaurus dargestellt sind. Gegenüber liegt die * **Casa del Fauno** (X), das größte Haus Pompejis. Der langgestreckte elegante Bau besitzt mehrere Innenhöfe (Atrien), einen Obstgarten, vier Speisezimmer (Triklinien) und eine Reihe weiterer Räume. Hier und in den beiden Flügeln zu Seiten des ersten Atriums wurden einige der schönsten Mosaiken gefunden darunter die „Alexanderschlacht“, die heute im Nationalmuseum von Neapel (s. S. 33) ausgestellt sind. Auch das Original der Bronzestatuette, ein tanzender Faun, von dem das Haus seinen Namen hat, ist dort zu besichtigen.

Berühmt ist das Bodenmosaik im Eingang der * **Casa del Poeta Tragico** (Y): ein Kettenhund mit der Inschrift „Cave canem“ (Vorsicht vor dem Hund).

Außerhalb der eigentlichen Stadt liegt die * *Via dei Sepolcri* (Z), die Gräberstraße Pompejis. Denn die Toten wurden stets vor den Stadtmauern begraben. Die Gräber und Mausoleen sind reich mit Marmorarchitraven, Reliefs und Statuen geschmückt.

Eine der wenigen erhaltenen Vorstadtvillen Pompejis und gleichzeitig eines der sehenswertesten antiken Baudenkmäler überhaupt ist die ***Villa dei Misteri** am nordwestlichen Rand des Grabungsareals. Ihren Namen verdankt sie den reichen Wandmalereien, die dem Dionysos-Kult und seinen Mysterien gewidmet sind. Im ehemaligen Speisesaal des Hauses werden die Mysterien in einer 17 m langen, fast lebensgroßen Szenerie vor Augen geführt; für viele ist dieser ** *antike Freskenzyklus* der Brauteinweihung das Schönste, was Pompeji zu bieten hat.

☏ Vorwahl 081, PLZ 80045.
ℹ Azienda Autonoma di Turismo, Viale dei Teatri, ☏ 8631065.
Mit der „Circumvesuviana" von Neapel aus.
**Villa Laura**, Via della Salle 13, ☏ 8631024, Fax 8504893. Helles, freundliches Haus. $
**Bristol,** Piazza V. Veneto 1. ☏ 8503005, Fax 8631625. Bequemes, terrassenreiches Haus mit sehr freundlichem Service. $
**Il Principe**, Piazza B. Longo 8, ☏ 8505566. Elegantes Feinschmeckerlokal im Zentrum des Ortes Pompei $$.
**Zi Caterina,** im Zentrum, mit Holzofen für Pizza und überreichem Weinangebot. $
**Zeus,** beim Ausgrabungsgelände.

**Veranstaltungen:** Im Juli/August werden in den Amphitheatern Pompejis Musikfestspiele mit renommierten internationalen Musikern abgehalten. Diese sog. *Concerti Panateneici* sind sehr gefragt. Termine und Karten sollten rechtzeitig (mehrere Monate vorher) über die Azienda Autonoma organisiert werden.

*Erotisches Kabinett: Fresko im Venereum der Casa dei Vetti*

*Größte und berühmteste Villa Pompejis: Casa del Fauno*

*Die Brauteinweihung: Freskenzyklus in der Villa dei Misteri*

2

Seite 67

# Route 3

3
Seite 79

## Durchs Land, wo die Zitronen blühn

***** Neapel – Castellammare di Stabia – * Sorrento – ** Positano – * Amalfi – ** Ravello – Vietri (103 km)**

**Wie Fischschuppen glänzen die bunten Majolikakacheln auf den runden Kuppeln der Amalfitana im Sonnenlicht. Auf dem gepflasterten Kirchplatz, der über dem unendlichen tiefblauen Meer zu schweben scheint, spielt eine Meute von schwarzlockigen, braungebrannten Dreikäsehochs lärmend Fußball. Der Ball, nur sehr entfernt einem Fußball ähnelnd, rollt auf zwei ältere Männer zu, die auf einem Mäuerchen am Treppenabsatz in ein Gespräch vertieft sind.**

**Blitzschnell streckt einer der Männer den Fuß nach dem Ball aus und kickt ihn dem dankbar grinsenden Junge wieder zu. Das ist noch einmal gutgegangen. Wie leicht hätte der Ball die Treppe hinunterrollen können; und dann hätte man ihm wieder nachjagen müssen, die endlosen Stufen, die unzähligen steilen Treppchen hinunter, zwischen den Terrassengärtchen hindurch, bis ans Wasser.**

Die Route führt an eine der schönsten und steilsten Küsten des Mittelmeeres. Zwischen Positano und Vietri fällt das Land in zuweilen fast dramatischen Felsabstürzen ins Meer hinab, nur von der üppigen Gartenvegetation gemildert. Eine Bucht folgt der anderen, und in zahllosen Kurven schlängelt sich die schmale Straße auf halber Höhe den Hang entlang und gibt bei jeder Kurve herrliche Ausblicke frei. Man kommt nur sehr langsam voran: Deshalb sollte man sich für eine Fahrt über die sorrentinische Halbinsel zur amalfitanischen Küste (85 km) mindestens einen, besser zwei bis drei Tage Zeit nehmen. Einen weiteren Tag beansprucht der Ausflug in die Tempelstadt Paestum.

Man verläßt Neapel über die Autostrada A3 Richtung Salerno und nimmt kurz vor der Ausfahrt Pompei die Abzweigung nach

**Castellammare di Stabia** (23 km). Die Stadt (70 000 Einw.) liegt an einer flachen Bucht unterhalb des Monte Faito und ist, obwohl antiken Ursprungs, heute ein modernes Industriezentrum. Man sollte sie daher am besten auf der schönen Strada Panoramica umfahren. Sie führt nahe am wundervollen Park der *Villa Quisisana* vorbei, ursprünglich ein von Karl von Anjou errichtetes Kurschloß (1310), das im 19. Jh. zu einem Kurhotel umgebaut wurde.

Wer will, macht einen Abstecher (12 km, Mautgebühr) hinauf zum Aussichtsberg **Monte Faito* (1131 m), von wo der Blick über die Halbinsel und den Golf reicht. Auf den Gipfel kann man jedoch auch mit einer Seilbahn gelangen, die im Stadtzentrum von der Piazza Stazione (Bahnhof) aus aufsteigt.

Die Straße führt weiter nach **Vico Equense** (15 km), einer Kleinstadt in schöner Lage auf einem ins Meer ragenden Tuffsteinblock. Bei Vico beginnt der ruhige, weitgehend unzerstörte Küstenabschnitt, der die Halbinsel berühmt werden ließ. Die kleinen Strände zu Füßen des Felsens laden zum Baden ein.

Die Straße geleitet nun um das nächste Tuffsteinkap herum und weiter auf eine Hochebene. Die locker besiedelten Ortschaften Piana und Sant'Agnello sind bereits Vororte von Sorrent, dessen Zentrum man nach 11 km erreicht hat.

***Sorrento** (15 000 Einw.) liegt am Rande der steil ins Meer abbrechenden Hochebene. Der Blick geht auf den Golf, der Vesuv liegt direkt gegenüber. Prunkvillen, Nobelhotels aus der Belle Epoque und gepflegte Uferpromenaden bestimmen das Stadtbild. Apfelsinen- und Zitronenplantagen zieren die Gärten und die Umgebung.

Sorrent wurde von den Griechen gegründet, dann von den Römern erobert und war bereits in der Antike eine beliebte Sommerfrische der Aristokratie. Im 18. und beginnenden 19. Jh. entdeckten englische Dichter die Stadt, die seitdem zum begehrten Ziel der nordischen Italienreisenden avancierte.

*Sorrent: auf der eleganten Aussichtsterrasse des Bellevue …*

Zentrum des Ortes ist die *Piazza Torquato Tasso,* so benannt nach dem berühmten Renaissancedichter (1544 bis 1595), der hier geboren wurde. An der Ecke Via Giuliani/Via Cesareo steht der *Sedile Dominova,* einstiges Versammlungsgebäude des Stadtadels. Heute ist es im Besitz eines Arbeiterzirkels. Es ist das einzige erhaltene Exemplar einer für die Golfregion im 15. Jh. typischen Bauform (spätere Zutaten: Loggia aus dem 16. Jh., Majolikaverkleidung der Kuppel aus dem 17. Jh.).

Auf der Piazza Gargiulo steht der Franziskanerkonvent *San Francesco,* dessen schönes Holzportal aus dem 16. Jh. eine Betrachtung wert ist. Außerdem sehenswert ist im Innern ein reizvoller kleiner Kreuzgang mit gotischen Spitzbogen (13. Jh.). Der angrenzende frü-

*… oder im Renaissance-Ambiente des Sedile Dominova*

3
Seite 79

here Klostergarten, die heutige *Villa Comunale* ist wohl einer der schönsten Stadtparks, die es gibt. Von einer Aussichtsterrasse bietet sich ein traumhafter Blick über den Golf, mit dem Vesuv im Hintergrund.

Über die Via Correale gelangt man zum *Museo Correale di Terranova*. Das Museum ist in einem Adelspalast aus dem 17. Jh. untergebracht und enthält neben griechischen und römischen Skulpturen eine bedeutende Sammlung der sog. „arti minori" (Kunsthandwerk): Majoliken, Möbel, Uhren aus dem 17. und 18. Jh. sowie Andenken an den Dichter Torquato Tasso (◷ 9.30–12.30 Uhr und 16–19 Uhr).

3

Seite 79

ℹ Azienda Autonoma, Via L. De Maio, 80067 Sorrento, ☎ 081/8782104.
⛴ Tragflügelboote nach Neapel und Capri.
🚆 Bahnlinie „Circumvesuviana" von Neapel nach Sorrent.
🚌 Nach Massalubrense, Sant'Agata, Positano, Amalfi. Abfahrt an der Stazione Circumvesuviana.

🏨: Sorrento ist mit Hotels sehr gut ausgestattet, es gibt eine Reihe von schönen alten Häusern aus dem letzten Jahrhundert. Viele Betriebe sind jedoch von Reiseveranstaltern gebucht, und etwa die Hälfte ist außerhalb der Saison geschlossen.
**Excelsior Vittoria**, Piazza T. Tasso 34, ☎ 8071044, 📠 8771206. Ganzjährig. Traditionsreiches Haus mit Freskendecken, Stuck und Höchstkomfort. $$$
**Imperial Tramonto**, Via Vittorio Veneto 1, ☎ 8782588, 📠 8072344. Mitte März–Dez. Altes Palasthotel, dem Teile von Tassos Geburtshaus (16. Jh.) angehören. $$$
**Bellevue Syrene**, Piazza della Vittoria 5, ☎ 8781024, 📠 8783963. Ganzjährig. Klassizistischer Bau im pompejischen Stil mit herrlicher Aussichtsterrasse. Halbpension. $$
**La Tonnarella**, Via del Capo 31, ☎ 8781153, 📠 8782169. Ganzjährig. Altes Haus am Meer, ruhig im Grünen gelegen. Vollpension. $

## Wo die Sirenen singen

Ein Eselsweg führt vom Dorf Termini zur *Punta della Campanella*. Bei dem etwa 40minütigen Spaziergang an diese äußerste Spitze der sorrentinischen Halbinsel taucht man ein in die sagenhafte Welt der Sirenen. Hier liegt Capri zum Greifen nahe: Nur 6 km trennen es vom Festland. Der Sage nach sollen hier, in den felsigen Buchten der Punta Campanella, die Sirenen gehaust haben, märchenhafte Geschöpfe, halb Tier, halb Frau, die so verführerisch sangen, daß die vorbeifahrenden Seeleute das Navigieren vergaßen und ihre Schiffe an den Klippen zerschellten.

**Desiree**, Via del Capo 31 bis, ☎ 8781563, 📠 8781563. Mitte März bis Okt. Neben „La Tonnarella" gelegen. Nur Zimmer mit Frühstück. $
🍴 **Caruso**, Via Sant'Antonino 12, ☎ 8073156. Feinschmeckerlokal im Stadtzentrum. $$$
**O'Parrucchiano**, Corso Italia 71, ☎ 8781321. Traditionsreiches Restaurant, mit Pavillons inmitten eines Zitrusgartens. $$$
**Lo Sperone**, Via Talagnano 5, ☎ 8071117. Kleines Lokal in einem Bauernhof mit eigenen Produkten. $

⛺ **San Antonio; Seiano Spiaggia,** beide Richtung Vico Equense.

**Veranstaltungen:** Am ersten Sonntag im Juli große Bootsprozession, 26. Juli Festa di Sant'Anna, 17. September Marienfest mit Jahrmarkt.

**Einkaufen:** Sorrent ist berühmt für seine Holzintarsien, meist auf sehr zierlichen Möbeln. Wer ein solches kleines Möbel erstehen will, sollte sich die Einlegearbeit zuvor jedoch gut ansehen: Zuweilen ruht unter dem Klarlack nur eine Papierfolie!

Die eigentliche Route führt nun weiter über die Strada Statale 145, die den Beinamen Straße des Blauen Bandes

*(Strada del nastro azzurro)* trägt, nach Positano. Wer will, kann die Route jedoch durch eine kurze Rundfahrt (11 km) über die Spitze der sorrentinischen Halbinsel verlängern. Der Weg führt von Sorrento auf der Landstraße längs der Küste in Richtung

**Massa Lubrense.** Die kleine mittelalterliche Stadt ist heute ein umtriebiges Ferienziel. Im alten Stadtkern steht auf der Piazza Vescovado der Bischofspalast mit schöner Stuckfassade aus dem 18. Jh.

Im ehemaligen Fischerdorf *Marina della Lobra* zu Füßen des Ortes fällt der Blick auf die Kirche *Santa Maria di Lobra* mit bunten Majolikakuppeln und hübschem kleinem Kreuzgang im angrenzenden Kloster.

Ⓗ **Holiday Village.** Feriendorf mit kleinen Holzhäuschen am Meer, Marina della Lobra.
⚠ **Concazzura**, 1 km vor Massa Lubrense, ☎ 8789666. Sehr schöner Platz mit hohem Standard.

Die Straße wendet sich nun nordostwärts nach *Sant'Agata sui Due Golfi*. Von diesem knapp 400 m hoch liegenden Ferienort bietet sich ein einzigartiger Blick über die beiden Golfe von Neapel und Salerno. Besonders schön ist diese Aussicht, wenn man zum sog. *Desserto* hinaufwandert (20 Min.). In Sant'Agata stößt man auf die berühmte „Straße des Blauen Bandes", auf der man nach kurven- und panoramareicher Fahrt

** **Positano** (3200 Einw.), 65 km von Neapel, errreicht. Die reizvolle kleine Stadt schmiegt sich steil an einen Hang: Kaskadengleich fällt die Front der kubischen, weiß-rosa- und gelbgetünchten Häuser zum Meer hin ab. Aus der Innenstadt ist der Verkehr zum großen Teil verbannt; Gassen, Treppen und Torbogen dienen als Verbindungen.

Wie die anderen Orte der amalfitanischen Küste wurde Positano im Mittelalter als Seefahrerstadt gegründet und

*Gotischer Kreuzgang des Klosters San Francesco in Sorrent*

*Auf den Straßen Sorrents herrscht betriebsames Leben*

*Schick, verschachtelt und berühmt: der Badeort Positano*

3

Seite 79

3
Seite 79

stand in lebhafter Rivalität zum damals mächtigen Amalfi. Wegen seiner exponierten Lage mußte es sich vielfach gegen Sarazenenüberfälle wehren. Vom Land her war Positano (wie die übrigen Städte der Küste auch) bis Anfang des letzten Jhs. nur über steile Maultierpfade zu erreichen. Um die Jahrhundertwende wurde der überaus malerische Ort von ausländischen Künstlern entdeckt, die hier überwinterten. Er zog die Schriftsteller John Steinbeck und Stefan Andres ebenso in seinen Bann wie den Regisseur Franco Zeffirelli oder den Architekten Le Corbusier, der sich vom Inselstil inspirieren ließ.

Die Häuser sind in der typischen Küstenarchitektur gehalten: schachtelförmig, teils mit flachen Kuppeldächern und Terrassen über kleinen Portici. Die Pfarrkirche *Santa Maria Assunta* mit grün schillernder Majolikakuppel liegt nahe der Marina Grande, dem alten Fischerhafen. Positano lebt heute nicht mehr von der Fischerei, sondern ist zu einem äußerst frequentierten hocheleganten Ferienort herangewachsen.

ℹ Azienda Autonoma, Via del Saracino 2, 84017 Amalfi, ☎ 089/875067.
Im Sommer Touristenboote nach Capri und Amalfi.
Linienbusse entlang der Küstenstraße nach Salerno und Sorrento.
Die Hotellerie Positanos und des angrenzenden Küstenstreifens ist mit zahlreichen Etablissements jeder Preisklasse geradezu ideal. Viele Hotels schließen jedoch außerhalb der Saison.
**San Pietro**, Via Laurito 2, ☎ 875455, Fax 811449. Apr.–Okt. Super-Luxus-Hotel, an der Küstenstraße terrassenförmig in einen beinahe senkrecht ins Meer abfallenden Felsen gebaut. ($$$)
**Palazzo Murat**, Via dei Mulini 23, ☎ 875177, Fax 811419. Ostern–Okt. Schöner alter Adelspalast mit wundervollem Hof. Alles im alten Stil. ($$)
**Savoia**, Via C. Colombo 73, ☎ 875003, Fax 811844. Ostern–Okt. Im Stadtzentrum, mit Kuppeldecken und Majolikaböden. ($)

**Chez Black,** Via Brigantino 19, ☎ 875036. Terrasse mit Meeresblick, vorzüglicher Fisch. ($$)

**Veranstaltung:** Am 15. August „Sarazenenschlacht" auf dem Wasser, mit Feuerwerk.

**Sport:** Die amalfitanische Küste zwischen der Punta Campanella und Positano ist ein Dorado für Taucher wegen ihrer vielen unterirdischen Grotten. Nach einem Führer kann man sich bei der Azienda Autonoma erkundigen.

Von den steil aufsteigenden Felsgipfeln über Positano finden regelmäßig Wettflüge im Drachenfliegen statt, mit Landung an der Marina Grande.
ℹ bei der Azienda Autonoma.

Auf kurvenreicher Straße erreicht man nach wenigen Kilometern **Praiano**, ein ehemaliges Fischerdorf mit aufgelockerter Bebauung, heute Ferienort und wie Positano am Hang gelegen. Eine steile Rampe führt hinunter nach Marina di Praia, dem am Ausgang einer Schlucht gelegenen Fischerhafen, dessen Häuser heute zu Restaurants umfunktioniert wurden.

**Tritone**, 84010 Vettica Maggiore, ☎ 874333, Fax 874374. Mitte Apr. bis Okt. Großzügiges Haus auf einem Felsen über dem Meer, Privatstrand. ($$)
**Le Sirene**, 84010 Vettica Maggiore, ☎ 874013. Ostern–Okt. Kleines Familienhotel in wunderschöner Lage direkt über dem Meer. Nur über Treppen zu erreichen. Alle Zimmer mit Blick, sehr preiswert. Halbpension. ($)
**Onda Verde,** Via Terramate 3. Kleines Hotel über dem Meer mit einfacher, schmackhafter Kost. ($)

Hinter Praiano öffnen sich weitere tiefe Schluchten im Berghang; sie werden *Valloni* genannt. Der imponierendste ist der *Vallone di Furore*. An die senkrecht aufsteigenden Wände der Schlucht krallen sich uralte kleine Fischerhäuser; sie sind heute verlassen. Wenig später weitet sich die Straße zu einem Platz, von dem aus man über eine Treppe (oder per Aufzug) zur

* **Grotta dello Smeraldo** (Smaragd-Grotte) hinuntersteigen kann. Es handelt sich dabei um eine ausgesprochene Sehenswürdigkeit, eine mit Meerwasser gefüllte Tropfsteinhöhle (60 mal 30 m), deren Tropfsäulen immerhin bis zu 10 m Höhe erreichen. Das durch die schmale Öffnung zum Meer hereindringende Licht verleiht der Grotte einen smaragdgrünen Schimmer (🕘 9 bis 17 Uhr).

Die Straße windet sich nun um den *Capo di Conca* herum, passiert *Conca dei Marini,* ein weiteres (heute zum Ferienort umgebautes) ehemaliges Fischernest, und erreicht *Vettica.* Von hier aus bietet sich ein

**Abstecher ins Hinterland** an (25 km). Kurz hinter Vettica steigt in engen Serpentinen eine Straße hinauf nach *Agerola.* Auf dem Wege dorthin fährt man an den uralten, in den Felsen gebauten Häuschen von *Furore* vorbei. Agerola selbst ist eine Streusiedlung auf einer Hochebene, zwischen Wäldern und Obstplantagen angesiedelt. Eine ca. 4 km lange Straßenschleife führt zum Ortsteil *San Lazzaro* auf der sog. *Punta,* einer natürlichen Terrasse, die einen grandiosen Blick über die gesamte amalfitanische Küste bis hin nach Capri freigibt. Auf einer Verbindungsstraße gelangt man zurück zum Ortseingang von Agerola, wo man wieder auf die Serpentinenstraße hinunter nach Vettica stößt.

Bereits nach 2 km erreicht man * **Amalfi** (6000 Einw.), 83 km. Diese weithin berühmte kleine Stadt liegt an den Hängen eines zum Meer hin geöffneten Steiltals namens *Valle dei Mulini* (Mühlental).

Der Überlieferung nach wurde Amalfi um 320 n. Chr. von schiffbrüchigen Römern gegründet, die sich auf dem Weg nach Konstantinopel befanden: Eben zu jener Zeit verlegte Kaiser Konstantin

*Eleganz und Exklusivität: In Positano wird der Schaufensterbummel zum Erlebnis*

*Positano: an die Felsen geklammerte Häuser ...*

*... und blütenreiche Gärten*

3

Seite 79

den Sitz der Reichshauptstadt des Imperiums von Rom nach Byzanz.

Die Stadt blieb eine Weile unter byzantinischer Herrschaft, konnte jedoch bald ihre Selbständigkeit erringen. Bereits im 10. und 11. Jh. war Amalfi zu einer mächtigen Seerepublik mit einem Dogen an der Spitze herangewachsen, vergleichbar den norditalienischen Machtzentren Genua, Pisa und Venedig. Ähnlich wie diese verdankte es seinen Reichtum den ausgedehnten Handelsbeziehungen mit dem Orient.

3

Die Schiffahrtsgesetze der Republik Amalfi, die sogenannten *Tabulae Amalphitanae,* waren über Jahrhunderte hinweg maßgeblich für das gesamte Mittelmeer.

Seite 79

Gleichwohl war Amalfi die kurzlebigste aller italienischen Seerepubliken. Im Jahr 1131 wurde es von den normannischen Truppen Rogers II. eingenommen und wenig später von den Pisanern geplündert. Danach versank es ins historische Abseits, bis reisende Engländer vor etwa 100 Jahren das malerische Fischerstädtchen entdeckten.

Das antike und mittelalterliche Amalfi, das direkt am Ufer lag, wurde im Laufe der Geschichte von heftigen Seeunwettern zerstört. Die heutige Siedlung besteht aus mehrstöckigen, übereinandergebauten und ineinander verschachtelten Häusern. Amalfi ist so eng und steil, daß es nur über Treppengäßchen zu begehen ist.

Zu den Hauptattraktionen gehört der ** Dom,* der nahe dem Hafen über einer langen Treppe emporragt. Der Grundbau stammt aus arabisch-normannischer Zeit (13. Jh.), doch nur der ** Campanile* besitzt noch die ursprüngliche Gestalt. Die bunte Fassade ist zwar eine Imitation aus dem 19. Jh., dafür versöhnt aber das bronzene Mittelportal, das im 11. Jh. in Konstantinopel gegossen wurde.

An den Dom schließt sich links der ** Chiostro del Paradiso* mit anmutigem Kreuzgang (13. Jh.) an (9–19 Uhr). Maurische Spitzbogen über Doppelsäulen umschließen den stillen Garten.

Die kleine Bucht mit schmalem Ufer, auf die hin Amalfi sich öffnet, ist Parkplatz, Hafen, Strand und Fischerhafen in einem. Angesichts der bunten kleinen Fischerboote möchte man nicht glauben, daß im *Arsenale della Repubblica,* in das man von der Hafenstraße aus einen Blick werfen kann, einst Galeerenschiffe mit 112 bis 116 Ruderplätzen gebaut wurden.

ⓘ Azienda Autonoma, 84011 Amalfi, Corso Roma 19, ☎ 089/872619.
Während der Saison Ausflugsboote nach Neapel, Capri, Positano.
Linienbus entlang der Küstenstraße nach Salerno und Positano.
**Cappuccini Convento**, Via Annunziatella 46, ☎ 871877, Fax 871886. Ganzjährig. Stimmungsvoll in einem ehemaligen Kloster mit Kreuzgang, um den die Zimmer liegen. (§)
**Luna Convento**, Via P. Comite 33, ☎ 871002, Fax 871333. Ganzjährig. Ebenfalls in einem ehemaligen Kloster, mit Kreuzgang aus dem 13. Jh. (§)

## Papier und Zitrone

Ein Ausflug in das *Valle dei Mulini* (Mühlental) ist eine empfehlenswerte Reise in die Vergangenheit. Der Name rührt daher, daß hier Papiermühlen angesiedelt waren, in denen ein berühmtes handgeschöpftes Papier hergestellt wurde. Eine dieser Mühlen ist bis heute in Betrieb; sie ist die älteste erhaltene Papiermühle der Welt. Der Besitzer erlaubt, daß man ihm bei der Arbeit zusieht.

Am Ende des Tals liegt der wunderschöne *Lemon-Garden.* Unter Zitronenbäumen sitzend, kann man hier alles erstehen, was aus Zitrone gemacht wird: Frisch gepreßte Limonade, Zitronenkuchen, Zitronenlikör, Hähnchen in Zitronensoße und vieles mehr.

**La Bussola**, Lungomare dei Cavallieri 16, ☎ 871533, 📠 871369. Ganzjährig. Großes Hotel am Meer mit schönen Majolikafußböden. Halbpension. $$
**Lidomare**, Largo Duchi Piccolomeni 9, ☎ 871332, 📠 857972. Ganzjährig. Altes Stadthaus nahe dem Dom, sehr gepflegt. $
Ⓡ **Caravella**, Via M. Camera 12, ☎ 871029. Fischlokal von Ruf. $$
**Cappuccini Convento**, Via Annunziatella 46. Im gleichnamigen Hotel in klösterlichem Ambiente speisen. $$

**Veranstaltung:** Festa di Sant'Andrea mit feierlicher Prozession am 27. Juni.

**Wanderungen:** Für den, der gut zu Fuß ist, bieten sich von Amalfi aus einige schöne, aber meist steile und eher anstrengende Wanderungen, die jedoch durch herrliche Ausblicke belohnt werden. Treppenwege führen nach Ravello, Scala und Pogerola und weiter nach Agerola San Lazzaro. Gutes Schuhwerk ist unerläßlich.

Nur einen Katzensprung von Amalfi entfernt liegt, auf einem Felsenriff direkt über dem Meer,

* **Atrani**. Der kleine Ort gehört zu Amalfi und ist einer der bezauberndsten Winkel dieser Küste. Bereits zu Amalfis großen Zeiten wohnten hier die Nobelfamilien, und in der Kathedrale von Trani in Apulien wurden Amalfis Dogen gekrönt und begraben.

Gleich hinter dem Ortsausgang führt eine Straße hinauf nach

** **Ravello** (2300 Einw.). Das Städtchen thront in hinreißend schöner Lage auf einer 300 m hohen Terrasse über dem Meer und hat schon viele berühmte Geister der letzten beiden Jahrhunderte bezaubert. Das aus seiner mittelalterlichen Glanzzeit stammende, maurisch geprägte Stadtbild – im 13. Jh. lebten hier 36 000 Einw.! – hat Ravello bis heute weitgehend bewahrt. Auf einmalige Weise verbinden sich an diesem Ort Kunst, Natur und die Stille herrschaftlicher Gärten.

*Sommerresidenz der Wohlhabenden: Amalfi*

*Die prachtvoll bunte Fassade des Doms von Amalfi entstand erst im 19. Jahrhundert*

*Mosaik über dem Domportal*

3
Seite 79

Die Straße mündet auf der *Piazza del Vescovado,* wo es Parkplätze gibt; der Rest der Stadt ist für den Autoverkehr gesperrt.

Über einer breiten Treppe erhebt sich der * *Dom* mit seiner schlichten Fassade. Seine Gründung geht zwar auf das Jahr 1086 zurück, später wurde er jedoch barockisiert. Die Bronzetüren des Portals, ein Werk des bekannten mittelalterlichen Bildhauers *Barisano da Trani* (1179) aus Apulien, sind im Original erhalten. Szenen aus der Leidensgeschichte Christi sind auf den insgesamt 54 Feldern ebenso zu finden wie Darstellungen von Akrobaten, Sirenen und Gladiatoren: ein scheinbarer heidnisch-christlicher Widerstreit.



Seite 79

Der (restaurierte) *Campanile* stammt aus dem 13. Jh. Von seinen barocken Zutaten wurde unlängst der Innenraum der Kirche befreit. Antike Säulen aus Paestum tragen die Gewölbe. Wertvollstes Stück ist die mosaikgeschmückte * *Kanzel,* ein Werk des apulischen Meisters *Niccolò da Foggia* (1272); links davon ist ein kleines Lesepult aus dem Jahr 1130 zu sehen.

Rechts neben dem Dom steht die ** *Villa Rufolo,* zweifellos die Hauptattraktion Ravellos (🕓 9–13 Uhr und 15–19 Uhr). Die Villa setzt sich aus einem Komplex von Gebäuden im sizilianisch-arabischen Stil zusammen, die im ausgehenden 13. Jh. von der reichen Familie Rufolo errichtet wurden. In den folgenden Jahrhunderten wechselte die Villa mehrfach den Besitzer, bis sie 1851 der Schotte *Francis N. Reid* erwarb, der sie restaurieren ließ.

Man betritt die Villa Rufolo durch das Portal eines gedrungenen Turms aus dem 14. Jh. Durch eine Zypressenallee gelangt man zum eigentlichen Palast, dessen * Innenhof mit seinen Mosaiken im maurisch-sizilianischen Stil ein wahres Kleinod ist. Dahinter liegt der üppig wuchernde Garten mit bestechender Aussicht auf Küste und Meer.

Beim Gang durch Ravello sollte man nicht versäumen, der Kirche *San Giovanni del Toro* einen Besuch abzustatten. Sie stammt aus dem 12. Jh., Fassaden und Turm sind im sizilianisch-arabischen Stil gehalten. Der Innenraum mit den drei hohen Kuppelapsiden birgt eine mosaik- und freskengeschmückte Kanzel (12. Jh.); auch die Krypta ist mit Fresken des 13. Jhs. im Stil Giottos ausgemalt sind.

Am äußersten Ende des Felsplateaus liegt die * *Villa Cimbrone,* die man über die Via San Francesco in einem zehnminütigen Spaziergang bequem

## Wagner in Ravello

Der 26. Mai des Jahres 1880 spielt in der Geschichte der Villa Rufolo eine wichtige Rolle: An jenem Tag nämlich kam der Komponist Richard Wagner zusammen mit seiner Frau Cosima nach Ravello. Das Ehepaar Wagner hatte im Hotel Cappuccini Convento in Amalfi übernachtet und war dann gleich morgens nach Ravello heraufgeritten – auf Eselsrücken. Wagner arbeitete gerade an seiner Oper „Parsifal", aber er befand sich in einer Schaffenskrise, der zweite Akt wollte ihm nicht gelingen. Als er jedoch in die Villa Rufolo kam mit ihrem verwunschenen Gemäuer und ihren überwucherten Höfen, erkannte er in ihr sofort das, was er suchte. „Klingsors Zaubergarten ist gefunden!" schrieb der Meister noch am selben Tag ins Gästebuch des Hotels Palumbo. Seitdem fühlt sich Ravello als Wagnerstadt. Es gibt ein Hotel Parsifal, ein Hotel Graal, und alljährlich im Sommer wird der Park der Villa Rufolo zur großen Attraktion für Wagnerfans, die hier den internationalen Interpretationen der Musik ihres Maestros andachtsvoll lauschen.

erreicht. Die Villa selbst ist bewohnt, Kreuzgang und Park können jedoch besichtigt werden (🕓 9 Uhr bis Sonnenuntergang). Der *Kreuzgang* wurde Anfang des 20. Jhs. aus alten Steinen erbaut. Berühmt ist die Villa wegen ihres ** *Parks,* der mit seinen Aussichtsterrassen, exotischen Gewächsen und romantischen Marmorbüsten über dem Meer zu schweben scheint.

ⓘ Azienda Autonoma, Piazza Vescovado, 84010 Ravello, ☎ 089/857096.
[Bus] Mehrmals täglich von Amalfi aus.
[H] **Palumbo**, Via Toro 28, ☎ 857244, [Fax] 858133. Ganzjährig. Luxushotel im denkmalgeschützten Palazzo des 12. Jhs., der für sich schon eine Sehenswürdigkeit ist und viele Berühmtheiten beherbergte (auch Wagner). $$$
**Villa Cimbrone**, Via S. Chiara 26, ☎ 857459, [Fax] 857777. Apr.–Okt. Im Flair einer alten Villa inmitten eines großen Parks nächtigen. $$
**Parsifal**, Piazza Fontana Moresca, ☎ 857144. Apr.-Okt. In einem ehemaligen Kloster. $$
[R] **Confalone**, im Hotel Palumbo. Märchenhaftes Nobelrestaurant in Räumen des 12. Jhs. $$$
**Cumpa'Cosimo**, Via Roma 44, ☎ 857156. Traditionelles Familienlokal (auch Pizza) im Zentrum, in dem schon Humphrey Bogart und Ingrid Bergman diniert haben. $$

**Veranstaltungen:** Sommerliche Wagner-Konzerte in der Villa Rufolo. Über Termine und Eintrittskarten ⓘ bei der Azienda Autonoma.

Die Küstenstraße führt weiter nach **Maiori** (6000 Einw.), einen der typischen, terrassenförmig ansteigenden Orte dieser Küste. Wegen des langen Badestrandes ist Maiori, wie auch das im Westen anschließende kleinere *Minori,* als Badeort sehr favorisiert und in der Saison entsprechend belebt.

Hinter Maiori wird die Küste noch einmal steil und wild. Hat man das *Cap d'Orso* passiert, fällt der Blick auf die flachen, dichtbesiedelten Gestade der Bucht von Salerno.

*Ein Meisterwerk: Löwen tragen die mosaikverzierte Kanzel im Dom von Ravello*

*Blütengarten der Villa Rufolo*

*Ausblick und Herrscherbüsten: Belvedere der Villa Cimbrone*

3
Seite 79

3
Seite 79

## I due fratelli

Nach zwei Brüdern sind die Felsenriffe vor Vietri benannt, die – so die Legende – mit ihren Schafen an den Strand kamen und dort ein schlafendes Mädchen fanden. Die Wogen schienen es zu umklammern und rissen ihren Körper ins windumtoste Meer. Die Brüder eilten sofort herbei und stürzten sich in die Fluten, in denen sie aber samt ihrer Schafherde ertranken. Der Meereskönig, dessen unsterbliche Tochter sie unwissenderweise hatten retten wollen, war von ihrer selbstlosen Hilfsbereitschaft so gerührt, daß er ihre Körper in diese Klippen verwandelte.

Nach 15 km erreicht man **Vietri** (10 000 Einw.), 103 km, das das Ende der amalfitanischen Küste markiert. Vietri steht heute unter dem Einfluß des nahen Salerno und zeigt sich vororthaft-städtisch. Der Ort ist berühmt für seine Keramik-Produktion. In der Hauptstraße steht ein Keramikgeschäft neben dem anderen und verlockt zum günstigen Kauf der farbenprächtigen Vasen, Teller und vor allem Kacheln, die für die gesamte Küsten- und Inselregion so typisch sind und die meist großzügigen Badezimmer der Hotels verzieren.

Im hochgelegenen Ortsteil Raito kann man sich in einem Keramik-Museum (🕓 tgl. außer Mo 9–13 Uhr) einen guten Überblick über das bis ins 17. Jh. zurückreichende Töpferhandwerk der Stadt verschaffen.

Etwas im Inselinnern liegt, an den steilen Fels geklammert die **Abbazia della Trinità di Cava** (7 km). Sie ist einen Abstecher wert. Man erreicht die Abtei entweder über *Cava dei Tirreni* oder über eine Nebenstraße von *Marina di Vietri* aus. Wallfahrtskirche und Kloster wurden im 11. Jh. gegründet und später barockisiert. Es sind jedoch Teile der Gründungszeit erhalten geblieben, so u.a. eine * *Kanzel* mit Kosmatenarbeiten (13. Jh.), ein *Marmorportal* (15. Jh.) in der Kirche und ein reizvoller romanischer Kreuzgang im Kloster.

In **Cava dei Tirreni**, einem hübschen Ort mit Laubengängen aus dem 15. Jh., findet jährlich am 7. Juli die *Disfia de'Trombonieri* statt, ein spektakuläres Volksfest mit historischen Umzügen und Wettkämpfen in Kostümen. Es ist eine der schönsten und unverfälschtesten Festivitäten der ganzen Region.

## Ausflug nach *** Paestum

Die von Salerno etwa 1 Std. dauernde Fahrt in die Tempelstadt Paestum kann man entweder über die recht monotone Küstenstrecke zurücklegen (hier fanden 1943 verheerende Kämpfe zwischen den deutschen Besatzern und der amerikanischen Befreiungsarmee statt) oder über die im Landesinnern verlaufende Strada Statale 18.

Aus Sybaris in Kalabrien kommende griechische Kolonialisten errichteten hier im 7. Jh. v. Chr. die Stadt Poseidonia. Nach zwei Jahrhunderten Blütezeit – zu dieser Zeit entstanden auch die Tempel – wurde der Ort vom kalabresischen Bergvolk der Lukanier eingenommen und hieß von da an „Paistom". Die griechischen Bewohner wurden versklavt, sogar eine Verständigung in ihrer Sprache wurde ihnen untersagt.

Die Eroberung durch die Römer 273 mag ihnen wie eine Befreiung erschienen sein: Jedenfalls gehörten die Leute aus Paestum zu den getreuesten Anhängern Roms und lieferten unermüdlich Soldaten und Wertgegenstände, so etwa in den langwierigen Kriegen gegen Hannibal. Im Gegenzug wurde ihnen von den Römern eine Reihe von Privilegien eingeräumt, z. B. das Recht der eigenen Münzprägung.

Tatsächlich ist der Untergang Paestums nicht, wie bei anderen griechischen Siedlungen, der politischen Überfremdung zuzuschreiben, sondern vielmehr den Naturgewalten. Denn das flache

Gebiet versandete und versumpfte immer mehr und wurde zu einer Brutstätte der Malaria, die die letzten Bewohner in die Berge trieb. Der Sumpffliege ist jedoch zu verdanken, daß Paestum über die Jahrtausende hinweg erhalten blieb und nicht, wie viele andere antike Stätten, von den Nachfolgenden als Steinbruch ausgeschlachtet wurde. Als man im 18. Jh. daran ging, die Mündungsebene des Flusses Sele trockenzulegen, traten die zwischen hohen Schilfgewächsen seit langem in Vergessenheit geratenen Tempel zutage. Bis heute stehen die drei Tempel – die als die schönsten und bedeutendsten neben dem Athener Parthenon gelten – erhaben in der ländlichen Umgebung.

Das Tempelgelände besitzt drei Eingänge (🕓 9 Uhr bis Sonnenuntergang). Durch welchen man es auch immer betritt, man sollte die *Via Sacra* ansteuern, an der die Tempel stehen. Im Gelände sind außerdem noch Reste aus römischer Zeit zu sehen.

Die sog. **Basilika** (Ausmaße: 54,30 mal 24,50 m) ist der älteste der drei Tempel. Die Archäologen des 18. Jhs. hielten das Bauwerk, da der Giebel eingestürzt war, für eine Markthalle, eben eine Ba-

*Kopie des Mittelalters: Kreuzgang der Villa Cimbrone in Ravello*

*Poseidon-Tempel in Paestum*

3

Seite 79

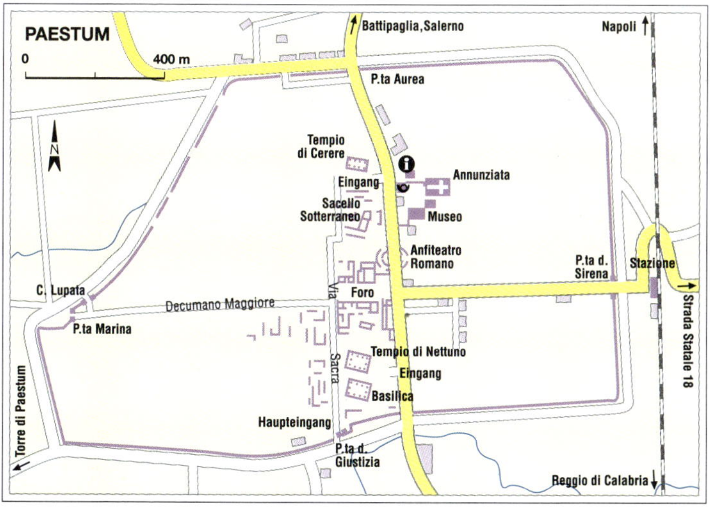

silika. Die Säulen (je neun an den Schmalseiten, 18 an den Längsseiten) sind bauchig, die Querbalken ruhen auf archaischen Kissenkapitellen. Man vermutet, daß der Tempel der Hera, Gemahlin des Zeus, gewidmet war.

Der **Poseidontempel** (59,90 mal 24,30 m) ist der imposanteste und einer der wichtigsten, am besten erhaltenen griechischen Tempel überhaupt. Früher glaubte man, er sei Poseidon, dem Gott des Meeres, geweiht. Doch neuere Forschungen ergaben, daß es sich wie bei der benachbarten Basilika um ein Heiligtum der Hera handelt. Der 450 v. Chr. entstandene Tempel wird dem Iktinos von Milet zugeschrieben, dem Architekten des Parthenon. Seine Säulenkapitelle sind dorisch. Giebel und Architrav sind fast vollständig erhalten.

3

Seite 79

Nördlich des Poseidontempels beginnt der römische Teil der Via Sacra. Hier liegt das weitflächige **Forum**, das in römischer Zeit an der Stelle der Agora (griechischer Marktplatz) angelegt wurde. Es weist die typischen (hier verfallenen) Gebäude eines römischen Forums auf: eine *Curia* (Rathaus), Thermen sowie ein Kapitol. Dem Forum gegenüber liegt ein kleines *Amphitheater*, durch das die alte Staatsstraße verläuft.

Etwas weiter kommt man direkt an der Via Sacra zum ***Sacello Sotterraneo**, einem unterirdischen Heiligtum, das in der 2. Hälfte des 6. Jhs. v. Chr. entstanden sein dürfte. In seiner Mitte befindet sich ein kleines rechteckiges Gebäude mit einem flachen Giebeldach, vollkommen erhalten. Seinen guten Zustand verdankt der merkwürdige kleine Bau der Tatsache, daß er von Beginn an total unter der Erde lag: Nachdem die Weihegaben im Inneren abgelegt worden waren, schüttete man ihn offenbar wieder zu; einen Zugang gab es nicht.

Der kleinste Tempel mit je sechs Säulen an den Schmalseiten und 13 Säulen an den Längsseiten ist der **Cerestempel** (32,88 mal 14,54 m) am nördlichen Ende der Via Sacra. Er stammt aus dem 6. Jh. v. Chr. und wurde, nachdem man einige Statuetten der Fruchtbarkeitsgöttin Ceres gefunden hatten, als ein ihr geweihter Tempel angesehen – daher der Name. Mittlerweile ordnet man ihn der Göttin Athene zu. Der hohe Giebel besaß ein reliefgeschmücktes Traufgesims, das nun im Museum steht. Über dem einfachen quadratischen Sockel im Tempelinneren stand einst die Cella (das Pendant zum christlichen Altar). An ihrer Südseite sind drei Gräber aus frühchristlicher Zeit zu sehen – der Tempel wurde zu dieser Zeit in eine Kirche umgewandelt.

Ein Rundgang um die *Stadtmauer* nimmt ca. 2 Std. in Anspruch. Sie stammt teils aus griechischer, teils aus lukanischer Zeit und hat einen Umfang von 4750 m. Die Mauern sind zwischen 5 und 7 m dick und gehören zu den imposantesten Befestigungswerken aus griechischer Zeit.

Ein Besuch des ****Museums** (⏲ tgl. außer Mo 9–13.30 Uhr) ist als Ergänzung ein unbedingtes Muß. Es enthält u. a. die einzigen erhaltenen Wandmalereien der griechischen Klassik. Sie waren ursprünglich in der Nekropole von Paestum, die sich noch in Ausgrabung befindet. Die berühmteste und anrührendste Darstellung zeigt den „Tuffatore“, einen Taucher, der gerade einen Kopfsprung macht (5. Jh. v. Chr.). Sie ist das Werk eines in Paestum geborenen griechischen Malers. Außerdem zählen Vasen, Statuen, Münzen sowie kostbar geschmückte Tempelarchitrave, die sogenannten ****Metopen*, zu den Beständen der Sammlung.

ℹ Azienda Autonoma, am Museum.
Bahn: Strecke Neapel–Reggio Calabria (treno locale).
Bus: Nach Salerno.
Hotel: **Martini**, Via Principe di Piemonte, 84063 Paestum, ☎ 0828/811451, Fax 811600. Ganzjährig. Gartenhotel in der Nähe der Tempel. Halbpension. $
⚠ Rund 25 Campingplätze, meist in Meeresnähe oder im Pinienhain (Pineta). ℹ bei der Azienda Autonoma.

*An der Costa Amalfitana*

# Praktische Hinweise von A–Z

## Autofahrer

benötigen Fahrzeugpapiere und den nationalen Führerschein. Nationalitätskennzeichen (D, A, CH) müssen am Auto angebracht sein. Die grüne Versicherungskarte sollte man mitnehmen, um langwierige Diskussionen bei Polizeikontrollen zu vermeiden. Vorgeschriebene Höchstgeschwindigkeiten sind auf Autobahnen 130 km/h (auf der Brennerroute durchgehend 110 km/h), auf Landstraßen 90 km/h, innerorts 50 km/h. Bei Nichtbeachtung drohen hohe Bußgelder, ebenso bei verkehrswidrigem Parken. Es besteht Anschnallpflicht. Pannenhilfe erhält man unter ☏ 116. Sie ist für Ausländer nur gratis, wenn man einen Schutzbrief oder die Mitgliedskarte des heimischen Autoclubs vorweisen kann.

## Devisenbestimmungen

Ausländische Währungen und italienische Lire dürfen in unbeschränkter Höhe ein- und ausgeführt werden, müssen aber deklariert werden, wenn die Summe 20 Millionen Lire überschreitet.

## Diplomatische Vertretungen

In Neapel: Deutsches Konsulat, Via Crispi 69, ☏ 081/664647.
Österreichisches Honorarkonsulat, Corso Umberto I 275, ☏ 081/287724.
Schweizer Konsulat, Via Pergolesi 1, ☏ 081/7614390.

## Einreise

Bei EU-Bürgern werden keine Paßkontrollen mehr vorgenommen. Dies gilt nicht für Reisende aus der Schweiz. Die Mitnahme eines gültigen Personalausweises (bzw. Kinderausweises bis 16 Jahre) ist aber für alle verpflichtend.

## Feiertage

1. Januar – Neujahr. 6. Januar – Dreikönig (Befana). 25. April – Tag der Befreiung (Giorno della Liberazione). Ostersonntag und -montag (Pasqua e Pasquetta). 1. Mai – Tag der Arbeit (Giorno del Lavoro). 2. Juni – Tag der Republik (Giorno della Repubblica). 15. August – Mariä Himmelfahrt (Ferragosto). 1. November – Allerheiligen (Tuttisanti). 8. Dezember – Mariä Empfängnis. 25./26. Dezember – Weihnachten (Natale e Santo Stefano). Karfreitag und Pfingstmontag sind keine Feiertage in Italien. Hinzu kommen jedoch einige Patronatsfeiertage.

## Geld und Währung

Währungseinheit ist die Lira (LIT., L.). Im Umlauf sind Münzen von 50, 100 und 500 Lire. Der „Gettone“ wird wie Bargeld behandelt und zählt 200 Lire. Banknoten gibt es im Wert von 1000, 2000, 5000, 10 000, 50 000 und 100 000 Lire.

Der Wechselkurs schwankt von Tag zu Tag. Ein Blick in die Tageszeitung informiert über den jeweiligen amtlichen Kurs („Corriere della Sera“, letzte Seite). Für Euroschecks erhält man gegen Vorlage eines Personalausweises max. 300 000 Lire. Der gleiche Betrag kann mit EC-Karte und Codenummer von den internationalen Bankautomaten einmal pro Tag abgehoben werden. Von Postsparbüchern werden bei den Postämtern bis zu 3 Millionen Lire pro Rückzahlungskarte ausgezahlt. Viele Geschäfte und die meisten Hotels akzeptieren Kreditkarten (Eurocard, Visa).

## Haustiere

Wer Hund oder Katze mitnehmen will, benötigt ein Tollwutimpfzeugnis (mindestens 20 Tage und höchstens 11 Monate alt), ein amtstierärztliches Gesundheitszeugnis sowie Leine und

Maulkorb für Hunde. Häuser, in denen die Vierbeiner willkommen sind, zeigen dies durch ein eigenes Tier-Zeichen im Hotelverzeichnis an. In vielen Hotels, vor allem den Kurhotels auf Ischia, ist das Mitbringen von Hunden nicht gestattet.

## Informationen

erteilen die Staatlichen Italienischen Fremdenverkehrsämter Ente Nazionale Italiana per il Turismo (ENIT) in

40212 Düsseldorf, Berliner Allee 26, ☏ 02 11/13 22 31, 📠 13 40 94;
60329 Frankfurt/Main, Kaiserstr. 65, ☏ 0 69/23 74 30, 📠 23 28 94;
80336 München, Goethestr. 20, ☏ 0 89/53 03 60, 📠 53 45 27;
A-1010 Wien, Kärntnerring 4, ☏ 01/5 05 16 39, 📠 5 05 02 48;
CH-8001 Zürich, Uraniastr. 32, ☏ 01/2 11 36 33, 📠 2 11 38 85;
CH-1204 Genf, 3, rue de Marché, ☏ 0 22/28 29 22.

*In Neapel:* ENIT am Flughafen Capodichino, ☏ 081/7803050;
Ente Provinciale per il Turismo (EPT), Stazione Centrale, ☏ 081/268779;
Azienda Autonoma (AA), Piazza Plebiscito, Palazzo Reale, ☏ 081/418744;
AA, Piazza del Gesù, ☏ 081/ 323328.

Auskunft in den kleineren Touristenzentren erhält man in den Büros der Azienda Autonoma vor Ort (Adresse s. Ortsbeschreibungen im Text).

## Kriminalität

Leider ist die Gefahr, bestohlen zu werden, in kaum einem anderen europäischen Gebiet so groß wie in und um Neapel. Dies gilt vor allem für die Stadt selbst; auf den Inseln ist die Gefahr wesentlich geringer. Die beste Maßnahme gegen Diebstahl ist stets die Vorbeugung: Wenn man den Wagen an der Straße abstellt, sollte man grundsätzlich nichts darin liegen lassen. Auch das Handschuhfach läßt man besser offen, um zu zeigen, daß sich auch darin nichts befindet. Ebenso sollte das Autoradio zu Hause bleiben. Beim einem Besichtigungsbummel durch Neapel ist es angebracht, keinerlei Foto- oder Filmapparate, keine Hand- oder Schultertaschen, keinerlei Schmuck von Wert dabeizuhaben. Größere Geldbeträge, Traveller- und Euroschecks, Ausweise u. a. sind im Hotelsafe am besten aufgehoben; das nötige Bargeld in der Hosen- oder Jackeninnentasche. Man kann sich damit trösten, daß nicht nur Touristen, sondern auch die (ehrlichen) Neapolitaner diese Vorbeugungsmaßnahmen nicht vermeiden können.

## Medizinische Versorgung

Die ambulante Behandlung ist in Italien kostenlos. Bei kleineren Verletzungen kann man sich in die Erste-Hilfe-Station (Pronto Soccorso) eines Krankenhauses begeben. Für eine umfangreichere Behandlung benötigt man den Auslandskrankenschein (E 111 vorher bei der Krankenkasse besorgen), der dann bei einer der USL-Stellen (Unità Sanitaria Locale) in einen italienischen Krankenschein umgewandelt werden muß. Mit diesem Schein kann ein der USL angeschlossener Spezialist aufgesucht werden. Ärzte und Krankenhäuser bestehen aber meist auf Barzahlung, deshalb unbedingt eine detaillierte Rechung für die Kostenerstattung verlangen! Sehr zu empfehlen ist eine Reisekrankenversicherung.

## Netzspannung

Sie beträgt 220 Volt; Schukostecker passen selten; Zwischenstecker hält die Hotelrezeption bzw. der Fachhandel bereit.

## Notruf

Notrufnummer für alle Notfälle 113.

Der ACI (Autoclub Italiano) hält für Straßenunfälle in Rom einen deutschsprachigen 24-Stunden-Notdienst bereit ☏ 06/4998. Die ADAC-Notrufzentrale in München berät rund um die Uhr ☏ 00 49/89/22 22 22.

### Öffnungszeiten

sind in Italien eine Wissenschaft für sich. Als Faustregel gilt:
*Geschäfte* sind werktags 9–13 Uhr und 16.30–19.30 Uhr, samstags ganztags geöffnet, Montag vormittag geschlossen (außer Lebensmittelläden, diese sind Donnerstag nachmittags geschlossen).

*Museen,* vor allem die staatlichen, öffnen zumeist 9–14 Uhr, außer montags.

*Archäologische Ausgrabungsstätten:* 9 Uhr bis Sonnenuntergang, manchmal montags geschlossen.

*Kirchen:* 7–12 Uhr und 15–19 Uhr.

*Banken:* 8.30–13.30 Uhr und variabel 1 bis 2 Stunden am Nachmittag (außer samstags).

*Postämter:* 8.30–13.30 Uhr (außer Hauptpostämter: bis 19 Uhr), samstags bis 11.45 Uhr.

*Tankstellen:* 7–12.30 Uhr und 15–19 Uhr (auf Autobahnen ganztags); an Sonn- und Feiertagen hat meist jeweils eine Tankstelle pro Ort Dienst. Manchmal gibt es Tankautomaten, die mit 10 000-Lire-Scheinen zu füttern sind.

Die Postämter sind Mo–Fr von 8–13 Uhr geöffnet. Sie sind für Post, Telegrafie und diversen Zahlungsverkehr zuständig, aber nicht für das Telefonwesen. Briefmarken (francobolli) in kleinen Mengen verkaufen auch die Tabakläden (tabacchi).

Das Auslandsporto von Italien in europäische Staaten beträgt für eine Postkarte 650 Lire, für einen Brief (bis 20 g) in EU-Länder 750 Lire, sonst 850 Lire.

### Rechnungen und Belege

Die sogenannten *ricevute fiscali* (Steuerrechnung) und die Kassenbons *(scontrini)* müssen gesetzmäßig ausgestellt und entgegengenommen werden. Auch ausländische Touristen sind verpflichtet, diese eine Zeitlang aufzubewahren. Bei etwaigen Kontrollen durch die italienische Finanzpolizei kann ansonsten eine durchaus nicht geringe Geldstrafe fällig sein.

### Telefonieren

Das öffentliche Telefonnetz ist in den letzten Jahren entschieden verbessert worden. Die modernen Telefonapparate (in Zellen, Bars, Restaurants, erkennbar am weißen Schild mit rotem Hörer) nehmen 100-, 200- und 500-Lire-Münzen an sowie Telefonkarten (in den Tabakläden) und Gettoni (Telefonmünzen, Wert 200 Lire). Es gibt jedoch noch eine Reihe von alten Apparaten, die nur auf Gettoni eingerichtet sind.

Die *Vorwahlen* von Italien aus sind: Deutschland 0049, Schweiz 0041, Österreich 0043.

### Trinkgelder

In den Restaurantrechnungen sind Bedienungsgelder enthalten. Es ist dennoch üblich, eine Summe von ca. 5 % zu hinterlassen. Die Führer in den Ausgrabungsgeländen erwarten höhere Trinkgelder, vor allem dann, wenn es sich um Sonderführungen handelt. Auch Taxifahrer rechnen mit einem Trinkgeld.

### Zeit

Die italienische Sommerzeit ist der der übrigen europäischen Länder gleichgeschaltet (von Ende März bis Ende September).

### Zoll

Für Touristen aus EU-Staaten gibt es seit dem Schengener Abkommen grundsätzlich keine Einfuhrbeschränkungen mehr. Folgende Höchstmengen gelten als Anhaltswerte, nicht als Vorschrift: 800 Zigaretten, 200 Zigarren, 10 Liter Spirituosen, 90 Liter Wein pro Person ab 17 bzw. 15 Jahren.

Für das Nicht-EU-Mitglied Schweiz gilt: 200 Zigaretten, 1 l Spirituosen, 2 l Wein, Reiseandenken bis zu sfr 100.

# Register

## Orts- und Sachregister

## Personenregister

# Langenscheidt Mini-Dolmetscher

## Allgemeines

| | |
|---|---|
| Guten Tag | Buongiorno [buondsehorno] |
| Hallo! | Ciao! [tschao] |
| Wie geht's? | Come sta? [kome sta] |
| Danke, gut. | Bene, grazie. [bäne gratsje] |
| Ich heiße … . | Mi chiamo … . [mi kjamo] |
| Auf Wiedersehen. | Arrivederci [arriwedertschi] |
| Morgen | mattina [mattina] |
| Nachmittag | pomeriggio [pomeridseho] |
| Abend | sera [ßera] |
| Nacht | notte [notte] |
| morgen | domani [domani] |
| heute | oggi [odsehi] |
| gestern | ieri [järi] |
| Sprechen Sie Deutsch? | Parla tedesco? [parla tedesko] |
| Wie bitte? | Come, scusi? [kome, skusi] |
| Ich verstehe nicht. | Non capisco. [non kapisko] |
| Sagen Sie es bitte nochmals. | Lo può ripetere, per favore. [lo puo ripätere per fawore] |
| …, bitte | …, per favore [per fawore] |
| Danke | Grazie [gratsje] |
| Keine Ursache | Prego [prego] |
| was / wer / welcher | che / chi / quello [ke / ki / kuällo] |
| wo / wohin | dove [dowe] |
| wie / wieviel / wann / wie lange? | come / quanto / quando / quanto tempo? [kome / kuanto / kuando / kuanto tämpo] |
| Warum? | Perché? [perke] |
| Wie heißt das? | Come si chiama? [kome ßi kjama] |
| Wo ist …? | Dov'è …? [dowä] |
| Können Sie mir helfen? | Mi può aiutare? [mi puo ajutare] |
| ja | sì [ßi] |
| nein | no [no] |
| Entschuldigen Sie. | Scusi. [skusi] |
| Das macht nichts. | Non fa niente. [non fa njänte] |

## Sightseeing

| | |
|---|---|
| Gibt es hier eine Touristeninformation? | C'è un ufficio di turismo qui? [tschä un uffitscho di turismo kui] |
| Haben Sie einen Stadtplan / ein Hotelverzeichnis? | Ha una pianta della città / un annuario alberghi? [a una pjanta della tschitta / un annuarjo albärgi] |
| Wann ist das Museum / die Kirche / die Ausstellung geöffnet? | A che ora è aperto il museo / la chiesa / l'esposizione? [a ke ora ä apärto il museo / la kjäsa / leßpositsjone] |
| geschlossen | chiuso [kjußo] |
| Wegen Restaurierung geschlossen. | In restauro. [in restauro] |

## Shopping

| | |
|---|---|
| Wo gibt es …? | Dove posso trovare …? [dowe posso troware] |
| Wieviel kostet das? | Quanto costa? [kuanto kosta] |
| Das ist zu teuer. | È troppo caro. [ä troppo karo] |
| Das gefällt mir (nicht). | (Non) mi piace. [(non) mi pjatsche] |
| Gibt es das in einer anderen Farbe / Größe? | Ce l'ha anche di un altro colore / un'altra taglia? [tsche la angke di un altro kolore / un altra talja] |
| Ich nehme es. | Lo prendo. [lo prändo] |
| Wo ist eine Bank? | Dov'è una banca? [dowä una bangka] |
| Ich suche einen Geldautomaten. | Dove posso trovare un bancomat? [dowe posso troware un bangkomat] |
| Geben Sie mir 100 g Käse / zwei Kilo Pfirsiche | Vorrei un etto di formaggio / due chili di pesche. [woräi un ätto di formadseho / due kili di päsche] |
| Haben Sie deutsche Zeitungen? | Ha giornali tedeschi? [a dsehornali tedeski] |
| Wo kann ich telefonieren / eine Telefonkarte kaufen? | Dove posso telefonare / comprare una scheda telefonica? [dowe posso telefonare / komprare una skeda telefonika] |

## Notfälle

| | |
|---|---|
| Ich brauche einen Arzt / Zahnarzt. | Ho bisogno di un medico / dentista. [o bisonjo di un mädiko / dentista] |
| Rufen Sie bitte einen Kranken- | Chiami un'ambulanza / la polizia, per favore. |

| | |
|---|---|
| wagen / die Polizei. | [**kja**mi un ambu**lan**tsa / la poli**tsi**a per fa**wo**re] |
| Wir hatten einen Unfall. | Abbiamo avuto un incidente. [ab**ja**mo a**wu**to un intschi**dän**te] |
| Wo ist das nächste Polizeirevier? | Dov'è il posto di polizia? [do**wä** il **po**sto di poli**tsi**a] |
| Ich bin bestohlen worden. | Mi hanno rubato. [mi **an**no ru**ba**to] |
| Mein Auto ist aufgebrochen worden. | Hanno forzato la mia macchina. [**an**no fort**sa**to la **mi**a **ma**kkina] |

## Essen und Trinken

| | |
|---|---|
| Die Speisekarte, bitte. | Il menu per favore. [il me**nu** per fa**wo**re] |
| Brot | pane [**pa**ne] |
| Kaffee | caffè / espresso [ka**ffä** / es**prä**sso] |
| Tee | tè [tä] |
| mit Milch / Zucker | con latte / zucchero [kon **la**tte / **tsu**kkero] |
| Orangensaft | succo d'arancia [**su**kko da**ran**tscha] |
| Mehr Kaffee, bitte. | Un altro caffè, per favore. [un **al**tro ka**ffä** per fa**wo**re] |
| Suppe | minestra [mi**nä**stra] |
| Fisch / Meeresfrüchte | pesce / frutti di mare [**pe**sche / **fru**tti di **ma**re] |
| Fleisch / Geflügel | carne / pollame [**kar**ne / po**lla**me] |
| Beilage | contorno [kon**tor**no] |
| vegetarische Gerichte | piatti vegetariani [p**ja**tti vedschetar**ja**ni] |
| Ei | uova [u**o**va] |
| Salat | insalata [inßa**la**ta] |
| Dessert | dolci [**dol**tschi] |
| Obst | frutta [**fru**tta] |
| Eis | gelato [dsche**la**to] |
| Wein | vino [**wi**no] |
| weiß / rot / rosé | bianco / rosso / rosé [bj**ang**ko / **ro**sso / ro**se**] |
| Bier | birra [**bi**rra] |
| Aperitif | aperitivo [aperi**ti**wo] |
| Wasser | acqua [**a**kua] |
| Mineralwasser | acqua minerale [akua mine**ra**le] |
| mit / ohne Kohlensäure | gassata / naturale [ga**ssa**ta / natu**ra**le] |
| Limonade | limonata [limo**na**ta] |
| Frühstück | prima colazione [**pri**ma kolats**jo**ne] |
| Mittagessen | pranzo [**pran**dso] |
| Abendessen | cena [**tsche**na] |
| eine Kleinigkeit | uno spuntino [uno spun**ti**no] |
| Ich möchte zahlen. | Il conto, per favore. [il **kon**to per fa**wo**re] |
| Es war sehr gut / nicht so gut. | Era molto buono / non era buono. [**ä**ra **mol**to bu**o**no / non **ä**ra bu**o**no] |

## Im Hotel

| | |
|---|---|
| Ich suche ein gutes / nicht zu teures Hotel. | Cerco un buon albergo / un albergo economico. [**tscher**ko un bu**on** al**bär**go / un al**bär**go ekono**mi**ko] |
| Ich habe ein Zimmer reserviert. | Ho riservato una camera. [o riser**wa**to una **ka**mera] |
| Ich suche ein Zimmer für ... Personen. | Cerco una camera per ... persone. [**tscher**ko una **ka**mera per ... per**ßo**ne] |
| Mit Dusche und Toilette. | Con doccia e WC. [kon **do**tscha e **wu**tschi] |
| Mit Balkon / Blick aufs Meer. | Con balcone / vista sul mare. [kon bal**ko**ne / **wi**sta sul **ma**re] |
| Wieviel kostet das Zimmer pro Nacht? | Quanto costa la camera per notte? [ku**an**to **ko**sta la **ka**mera per **no**tte] |
| Mit Frühstück? | Con la prima colazione? [kon la **pri**ma kolats**jo**ne] |
| Kann ich das Zimmer sehen? | Posso vedere la camera? [**po**sso we**de**re la **ka**mera] |
| Haben Sie ein anderes Zimmer? | Avete un'altra camera? [a**we**te un **al**tra **ka**mera] |
| Das Zimmer gefällt mir (nicht). | Mi piace la camera / non mi piace. [mi p**ja**tsche la **ka**mera / non mi p**ja**tsche] |
| Kann ich mit Kreditkarte zahlen? | Posso pagare con carta di credito? [**po**sso pa**ga**re con **kar**ta di **kre**dito] |
| Wo kann ich parken? | Dove posso mettere la macchina? [**do**we **po**sso **me**ttere la **ma**kkina] |
| Können Sie das Gepäck in mein Zimmer bringen? | Mi può portare i bagagli in camera? [mi pu**o** por**ta**re i ba**ga**lji in **ka**mera] |
| Haben Sie einen Platz für ein Zelt / einen Wohnwagen / ein Wohnmobil? | C'è ancora posto per una tenda / una roulotte / un camper? [tschä ang**ko**ra **po**sto per una **tän**da / una ru**lott** / un **kam**per] |
| Wir brauchen Strom / Wasser. | Abbiamo bisogno di corrente / acqua. [ab**ja**mo bi**son**jo di ko**rrän**te / **a**kua] |